KB126703

남양대관

南洋大觀

1

일본 동남아시아 학술총서 **02**

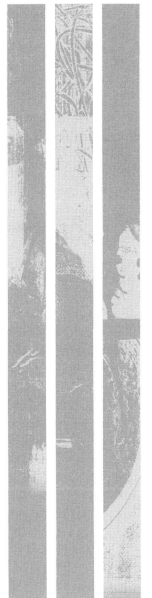

南洋大觀

남양대관 1

야마다 기이치 저 ─ 이가현 역

보고사
BOGOSA

월하의 남양

❝ 명랑한 남양의 달빛은
난운(亂雲)과 거목을 비추어 백묘화 같구나.
전등 없는 자연계의 야경은 진정으로 주민들의 낙원이다. ❞

파자로스 활화산(위임통치군도의 최북단)

티니언섬 지청 선창

카나카족 차림새

사이판섬 카나카 춤

사이판섬 가라판 거리

티니언섬 송송 거리

로타섬 송송 거리

티니언섬의 목장

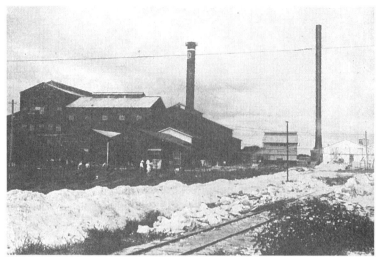

남양코하쓰회사(南洋興發會社)의 제당공장

남양코하쓰회사의 사탕수수 농원

야프 공립학교 아동 국어 교육

팔라우섬 멜레케옥(Melekeok) 공립학교 학생

팔라우 본섬에 있는 폭포

남양청 앙가우르섬 채광소 원광 저장고

포나페섬 지요카지(ジヨカージ)의 기이한 산봉우리

포나페 에스파냐 시대의 성벽

트루크 부두 원망(遠望)

포나페섬 도키와 폭포(常盤瀧)

잴루잇 도민 부락

포나페섬 여자들 풍속

마닐라 시가

필리핀 각지로 출항하는 일본인 어선

보르네오섬 최고봉 키나발루산(Mount Kinabalu)

북 보르네오 타와우 일본인 마을

술라웨시섬 마나도 교외의 묘지(오른쪽 끝이 저자)

뉴기니섬 나빌레항에서 나빌레마루(ナビレ丸, 오른쪽)와 다이토마루(大東丸, 왼쪽)

자와 사라사 제조

시암의 재목 운반 코끼리

사이공시 총독부청(강베타(Leon Gambetta)의 동상)

싱가포르 무궤도 전차

간행사

2017년 '한국-아세안 미래공동체 구상'을 중심으로 하는 한반도 '신남방정책' 발표와 다음해 정부의 신남방정책특별위원회 설치는 아세안(동남아시아 10개국)과 인도 지역의 급속한 경제적 성장과 미래의 잠재력을 염두에 둔 정책 아젠다였다. 물론 이러한 선언은 이 지역이 세계 경제의 성장엔진이자 블루오션으로 떠오르고 있다는 인식과 그 지정학적 중요성에 바탕을 둔 정책이며, 나아가 이 지역에서 상호 경쟁을 벌이고 있는 일본과 중국의 동남아시아 정책을 의식한 것이기도 하였다.

왜냐하면 일본과 중국도 오히려 한국보다 훨씬 앞서 다양한 형태의 '남방정책'을 추진하여 이들 지역에 대한 경제적, 정치적, 문화적 영향력을 확대해 왔기 때문이다. 태평양전쟁 기간 중 이른바 '대동아공영권' 구상을 통해 동남아시아 및 남태평양(남양) 지역을 침략하여 군정(軍政)을 실시하였던 일본은 패전 후 동남아시아 각국에 배상이라는 장치를 통해 오히려 금융, 산업, 상업 방면에 진출하여 패전국이면서도 이 지역에 대한 영향력을 확대해 왔다. 2018년을 기준으로 아세안 직접투자가 중국의 2배, 한국의 6배 이상을 차지하는 일본은 2013년 '일본-아세안 우호 협력을 위한 비전선언문', 2015년 '아세안 비전 2025'를 통해 이 지역 내 중국의 영향력을 견제하고 일본의 대외정책의 지지기반 확대와 경제협력을 확대하고 있다. 동남아시아 지역과 국경을 접하고 있는 중국은 2003년 아세안과 전략적 동반자 관계를 맺은 이후 정치안보와 경제, 사회문화 공동체 실현을 추진하고 2018년 '중국-아세안 전략적 동반자 관계 2030 비전'을 구체화하였으며 '일대일로' 전략을 통해 아세안에 대한 영향력을 강화하고 있다. 이와 같이 한·중·일 동아시아 3국은 아세안+3(한중일) 서미트를 비롯하여 이 지역과 협력을 하면서도 격렬한 경쟁을 통해 각각 동남아시아 지역에 정치적, 외교적, 경제적, 문화적 역량을 집중하고 있다.

동남아시아 지역의 중요성이 부각되고 한국의 신남방정책 추진에 즈음하여 2018년과 2019년에 정부 각부서와 국책연구소, 민간 경제연구소 등에서는 한국의 신남방정책 관련 보고서가 다량으로 간행되는 가운데, 2017년 한국 정부의 '신남방정책' 선언 이후 일본의 사례를 참조하여 그 시사점을 찾으려는 논문이 급증하고 있다. 나아가 근대기 이후 일본의 남양담론이나 '남진론(南進論)' 관련 연구, 그리고 일본과 동남아시아의 관계사나 경제적 관계, 외교 전략 관련 연구는 2000년대 이후 개시하여 2010년대에 이르러 활발하게 연구가 이루어지고 있다. 그럼에도 불구하고, 정작 한국 사회와 연구자가 필요로 하는 동남아시아에 관한 일본의 학술서나 논문, 보고서 등 자료의 조사와 수집은 물론 대표적인 학술서의 번역이 거의 이루어지지 않았다고 할 수 있다.

따라서 고려대 글로벌일본연구원에서는 근대기 이후 동아시아 국가 중에서 동남아시아 지역에 대해 가장 먼저 관심을 가지고 대외팽창주의를 수행하였던 일본의 동남아시아 관련 대표적 학술서를 지속적으로 간행하고자 '일본 동남아시아 학술총서'를 기획하게 되었다.

이에 고려대 글로벌일본연구원은 먼저 일본의 동남아시아 및 남태평
양 지역과 연계된 대표적 학술서 7권을 선정하여 이를 8권으로 번역
·간행하게 되었다.

　제1권인『남양(南洋)·남방의 일반개념과 우리들의 각오(南方の一般
概念と吾人の覺悟)』(정병호 번역)는 남진론자(南進論者)로서 실제 동남아
시아 지역에서 실업에 종사하였던 이노우에 마사지(井上雅二)가 1915
년과 1942년에 발표한 서적이다. 이 두 책은 시기를 달리하지만, 동남
아시아 지역의 역사와 문화, 풍토, 산업, 서양 각국의 동남아 지배사,
일본인의 활동, 남진론의 당위성 등을 상세하게 기술하였다. 제2권
·제3권인『남양대관(南洋大觀) 1·2』(이가현, 김보현 번역)는 일본의 중
의원 의원이자 남양 지역 연구자였던 야마다 기이치(山田毅一)가 자신
의 남양 체험을 바탕으로 1934년에 간행한 서적이다. 본서는 당시 남
양 일대 13개 섬의 풍토, 언어, 주요 도시, 산업, 교통, 무역, 안보
및 일본인의 활동을 사진과 함께 상세하게 소개하고 있다. 이 책은
기존의 남양 관련 서적들과 달리 남양의 각 지역을 종합적으로 대관
한 최초의 총합서라는 점에서 그 의의가 있다.

　제4권『신보물섬(新寶島)』(유재진 번역)은 탐정소설가 에도가와 란포
(江戸川亂步)가 1940에서 41년에 걸쳐 월간지『소년구락부(少年俱樂部)』
에 연재한 모험소설이다. 이 소설은 남학생 세 명이 남태평양의 어느
섬에서 펼치는 모험소설로서 여러 역경과 고난을 이겨내고 마침내 용
감하고 지혜로운 세 일본 소년이 황금향을 찾아낸다는 이야기인데,
이 당시의 '남양'에 대한 정책적, 국민적 관심이 일본 소년들에게도
미치고 있음을 잘 보여주고 있다. 제5권인『남양의 민족과 문화(南洋の
民族と文化)』(김효순 번역)는 이토 겐(井東憲)이 1941년 간행한 서적이다.

이 책은 태평양전쟁 당시, '대동아공영권' 구상을 뒷받침하기 위해 일본과 남양의 아시아성을 통한 '민족적 유대'를 역설하고 있다. 방대한 자료를 통해 언어, 종교 등을 포함한 남양민족의 역사적 유래, 남양의 범위, 일본과 남양의 교류, 중국과 남양의 관계, 서구 제국의 아시아 침략사를 정리하여, 남양민족의 전체상을 입체적으로 그려내고 있다.

제6권인『남양민족지(南洋民族誌)』(송완범 번역)는 일본의 평론가이자 전기 작가인 사와다 겐(澤田謙)이 1942년에 간행한 서적이다. 이 책은 당시 일본인들의 관심 사항인 남양 지역의 여러 문제를 일반 대중들에게 쉬운 문제로 평이하게 전달하려고 한 책인데, 특히 '라디오 신서'로서 남양을 '제국일본'의 병참기지로 보는 국가 정책을 보통의 일본 국민들에게 간결하고 평이하게 전달하고 있다. 제7권인『나카지마 아쓰시(中島敦)의 남양 소설집』(엄인경 번역)은 1942년에 간행한 남양 관련 중단편 10편을 묶어 번역한 소설집이다. 나카지마 아쓰시가 남양 관련 작품을 창작하고 발표한 시기는 태평양전쟁의 확산 시기와 겹친다. 스코틀랜드 출신 소설가 R.L.스티븐슨의 사모아를 중심으로 한 폴리네시아에서의 만년의 삶을 재구성하거나, 작가 자신의 팔라우 등 미크로네시아 체험을 살려 쓴 남양 소설들을 통해 반전 의식과 남태평양 원주민들을 바라보는 독특한 시선을 느낄 수 있다.

제8권인『남방 제지역용 일본문법교본 학습지도서(南方諸地域用日本文法敎本學習指導書)』(채성식 번역)는 태평양전쟁의 막바지인 1945년에 남방지역에 대한 일본어교육 및 정책을 주관한 문부성이 간행한 일본어 문법 지도서이다. 언어 유형론적으로 일본어와 다른 언어체계를 가진 남방지역의 원주민을 대상으로 당시 일본어교육 현장에서 어떠한 교수법과 교재가 채택되었는지를 본서를 통해 엿볼 수 있다.

　이들 번역서는 메이지(明治)시대 이후 남양으로 인식된 이 지역에 대한 관심과 대외팽창주의를 잘 보여주고 있으며, 이 지역의 역사, 문화, 풍토, 산업, 서양과의 관계, 남진론 주장, 언어 교육, 일본인들의 활동, 지리 등을 잘 보여주고 있다. 이 '일본 동남아시아 학술총서'는 메이지 유신 이후 동아시아의 근대화를 주도하고 주변국의 식민지배와 세계대전, 패전이라는 굴곡을 거치고도 여전히 동아시아에 막대한 영향력과 주도권을 행사하는 일본이 지난 세기 일본이 축적한 동남아시아에 대해 학지를 올바로 파악하는 데 도움을 줄 것으로 생각한다. 또한 다양한 분야에 본 총서가 기초자료로 활용함으로써 동남아시아 관련 후속 연구를 가능하게 할 것으로 기대하며, 이를 통해 신남방 시대의 학술적 교두보를 구축하는 데에 도움이 되기를 기대하는 바이다.

　특히 어려운 환경에도 불구하고 이 총서간행을 기꺼이 맡아주신 도서출판 보고사의 김흥국 사장님과 꼼꼼한 편집을 해 주신 박현정 편집장을 비롯한 편집팀에게 감사한 마음을 전하고 싶다.

2021년 2월
고려대 글로벌일본연구원
〈일본 동남아시아 학술총서〉 간행위원회

일러두기

1. 고유명사의 경우 처음 나왔을 때 (   ) 안에 영어를 표기하였다. 단, 일본어 이외의 원어를 확인할 수 없는 경우에는 원서를 기초로 (   ) 안에 일본어 표기 하였다.

2. 표기는 확인이 가능한 범위에서 한글, 영어 외 로마자, 한자의 순으로 작성하였다.

3. 역사적 고유명사의 경우 기본적으로 현대 지명으로 표기하였다. 단, 역사적 고유명사의 표기가 꼭 필요한 경우 처음 나왔을 때 각주로 설명을 추가하였다.

   (예) 新嘉坡는 싱가포르로 표기.

   　　暹羅은 시암으로 표기하고 처음 나왔을 때 각주에서 설명.

   (1) 일반적 현대어는 위키백과 〉 구글 지도 〉 네이버 오픈 사전(국어사전, 지식 백과)〉 (검색이 되지 않을 경우) 원서를 기초로 하였다.

   (2) 역사적 고유명사나 같은 단어라도 발음이 다른 경우 일반적 현대어로 작성하였다.

4. 부족명, 어족명, 지명 등의 고유명사는 띄어쓰기 없이 작성하였다.

   (예) 카나카족, 사이판섬

5. 각주는 기본적으로 역자주이다.

목차

서문

　역사를 거슬러 올라가 보면 만주 사람은 우리 야마토(大和) 민족의 근간을 이루고 있는 것과 조상을 같이 하며, 남양(南洋)[1] 사람은 우리 민족의 일부와 인종적 계통이 동일하다. 우리들이 갱생 만주국 경영에 참가하는 것은 선조의 땅으로 돌아가기 위함이오, 남양의 번영에 참여하는 것은 형제의 집을 부유하게 하는 것과 다름없다.

　만주의 평온함이 대륙에 대한 우리의 국방상 불가결한 것과 같이 남양의 평화는 우리 바다의 수비를 보증하기 때문이다. 만주의 천연자원과 장래 몇 배나 증가할 구매력은 우리의 산업과 결합하여 일련의 블록을 형성해야 함과 동시에 남양은 원료 공급지로서, 상품시장으로서 우리 국민경제와 매우 중대한 관련을 가진다. 우리 일본을 중심으로 하여 만주와 남양을 양 날개로 이으면 오로지 각국에 행복을 가져올 뿐만 아니라, 동시에 대아시아 평화 확립의 기초가 될 것이다.

　만주의 국방, 경제적 중요성은 이제 대부분의 우리 국민들이 철저

1　남쪽 바다, 특히 남태평양.

히 알고 있다고 보이나, 남양의 그것이라 하면 일부 전문가 또는 부업
자를 제외하고 아직까지 국민에게 두루 알려지지 않은 것은 우리들에
게 은근히 유감스러운 것이었다.

친구 야마다 기이치(山田毅一) 군은 장래 대아시아주의를 이상으로
삼아 신흥 아시아 건설에 관한 각종 문제를 연구하고 그 실현을 위해
심혈을 기울이고 있는데, 특히 남양문제를 정치적 출발점으로 하여
그 연구와 소개를 정치적 생명으로 하고 있다. 벌써 남양에 유람한
것이 4회, 게다가 작년 5회의 답사를 마치고 돌아와 다년간 쌓아온
지식에 기대어 한 권의 책을 완성한 것이 『남양대관(南洋大觀)』이라고
한다. 이와 관련하여 서술의 범위는 남양 전반에 걸쳐 있고 간결하고
도 요령 있게 대략의 남양 사정을 다루었다. 특히 최근의 정보를 알
수 있는 절호의 길잡이라는 것을 의심하지 않는다. 우리들은 본서로
인해 남양연구의 유력한 문헌 하나를 얻은 것을 기뻐함과 동시에 우
리 국민의 각성에 반드시 큰 도움이 될 것이라 믿는다.

1934년 5월

나가이 류타로(永井柳太郎)

서문

경제상, 국방상 남양이 우리 나라와 중대한 관계에 있다는 것은 많은 말을 필요로 하지 않는다. 그럼에도 불구하고 우리 나라 사람 중 남양의 사정을 아는 이는 과연 몇 명이나 있을까? 대만은 일본의 통치 40년, 문물 제도는 완전히 구관을 새로이 하여 매우 빠른 속도로 문화 향상의 일로로 나아가고 있는데, 국민의 대다수는 대만이라고 하면 번족(蕃族)이 머리를 베는 것을 연상할 만큼 인식이 부족하다. 하물며 남양이 국민 대다수에게 미지의 세계라는 것은 의심할 여지가 없다. 나는 특히 대만과 밀접한 관계를 가지고 있는 남양의 장래에 대해 깊은 관심을 가지고 있기 때문에 이러한 점들이 더욱 유감스럽다.

그 까닭은 남양을 소개하는 좋은 책이 부족한 것도 하나의 요인이다. 물론 필리핀, 영국령 말레이, 네덜란드령 인도, 혹은 우리의 위임 통치 여러 섬 등에 대해 부분적으로 이미 간행된 책에 대해서는 결코 부족함을 염려치 않으나, 남양을 총합, 대관하여 하나의 관념으로 파악할 수 있는 적합한 좋은 책이 부족하였던 것은 부정할 수가 없다.

야마다 기이치(山田毅一) 군은 남방정책 연구를 생명으로 하는 자로, 유력(遊歷) 경력이 수 차례, 남양의 여러 섬 도처에 발자국을 남기었다. 지금은 다년간의 축적된 지식을 피로하여 『남양대관(南洋大觀)』한 권을 완성하였다. 책에서 설명하는 곳은 오모테 남양(表南洋),[2] 우라 남양(裏南洋)[3]의 여러 섬을 망라하고 있고 산업, 교통, 풍속, 습관에 이르기까지 간략히 그 핵심을 다 전달하고 있다. 『남양대관(南洋大觀)』의 서명은 실로 우리를 기만하지 않고 있으며, 나는 본서로 인해 남양 사정 소개 및 국책 논의에 유력한 문헌 하나를 추가하게 된 것에 대해 한없이 기쁘다.

대만 총독 나카가와 켄조(中川健藏)

----

2 오모테 남양(表南洋)이란 아시아의 동남부에 해당하는 열대권내의 크고 작은 무수한 섬이나 대륙의 일부를 가리킨다.
3 오모테 남양과 마주하는 태평양 제도를 우라 남양(裏南洋)이라고 한다.

서문

남양에 관한 자국민들의 오해는 첫째가 기후이고, 둘째가 주민이다. 열대 지방이라는 호칭은, 바로 타는 듯한 초열지옥의 삶을 생각하게 하고 미개 토인(土人)[4]은 툭하면 식인종을 연상시킨다. 이러한 그릇된 생각에 지장을 받아 육지에 바다에, 남양이 얼마나 천연자원이 풍족한지를 연구하려고도 하지 않는 사람이 많다. 하지만 첫 번째 오해는 '피서하려면 남양으로 가라'고 남양통이 외치는 것으로 해소될 것이고, 두 번째 오해는 우리의 남양군도 원주민의 자제가 일본어로 '기미가요(君が代)'[5]를 부르고, 자진해서 내지(內地)[6]의 학교에 입학하는 사실에서 근본적으로 시정되지 않으면 안 된다.

협소한 국토에 비좁은 내지 생활을 벗어나 광막한 원시림에서 개척의 도끼를 휘두르며 해저에 무진장한 보고(寶庫)를 찾아가는 유쾌

---

4 현대 일본에서 '土人(도진)'이라는 단어는 차별어로 지정되어 원주민, 현지인 등으로 표기해야 하나, 여기에서는 원서 당시의 상황을 고려하여 원서 표기를 그대로 따랐다. 이후 원주민으로 번역했다.

5 기미가요(임금의 치세)는 일본의 국가(國歌)이다.

6 일본 제국이 스스로의 식민지를 제외한 본토를 지칭하던 단어이다.

함은 해외에 나가 일하는 자만이 맛을 볼 수 있는 세계이다. 하지만 어디를 가더라도 하늘에서 금이 떨어지지는 않는다. 행복은 노력하는 자만이 얻을 수 있는 특권이다. 남양 도처의 식민지는 바다에 육지에 보고를 준비해서 노력가의 손을 기다리고 있지만, 보고의 열쇠를 쥐려고 하는 자는 먼저 심신의 건전과, 첫째로 목적지의 사정을 상세 면밀하게 조사하고 오랜 시간이 필요하다. 실패자는 예외 없이 준비가 부족한 결과이다.

친구인 야마다 기이치(山田毅一)가 최근작 『남양대관(南洋大觀)』을 보이며 나에게 서문을 요구했다. 책에서 서술한 대로 우리 위임통치 지역을 비롯하여 네덜란드령, 영국령, 미국령, 프랑스령 등 모든 오모테 남양(表南洋)보다 남쪽 지부, 대만에 이르는 각 방면에서 관찰하고 논의하여 대략 그 요지를 전하고 있다. 지금까지 매우 국부적인 설명의 서적은 많이 있지만, 본서와 같이 남양의 전모를 부각시킨 좋은 서적은 적다. 남양에 큰 뜻을 펼치려는 자는 이 책을 통해 우선 남양의 대세와 근황을 알고, 그리고 그 바라는 바를 다시 연구하면 많은 것을 얻을 것이다.

남양청관장 하야시 토시오(林壽夫)

저자 서문

一. 남양에 관한 외국인의 저서는 매우 많고, 일본인의 저술도 적지 않지만 다수는 부분적으로 치우쳤다. 본서는 부분을 넘어 모든 남양을 종합 대관한 것에 존재가치를 구하고자 한다. 특히 본 책에서는 우리 위임통치제도 및 이와 특별한 관계가 있는 지방을 주로 논술하고 산업, 교통, 무역 및 국방의 각 방면에 걸쳐 최근의 정세를 상세히 설명함과 동시에 일본인의 활동상황을 소개하는 데 신경을 썼다.

一. 나는 1910년 『남양행각지(南洋行脚誌)』를 발표하고 일본인의 남방 발전, 특히 청년의 궐기를 촉구하고, 다음으로 1916년 『남진책과 오가사와라 군도(南進策と小笠原群島)』를 저술하여 남방경륜에 대한 비견을 세상에 묻고, 또 1919년의 책 『전후의 구미만유기(戰後の歐米漫遊記)』에서 각국 식민지의 성쇠를 관찰했는데, 이상의 저술은 어느 것이나 남양제도의 부분적 기술에 그쳤다. 이 책에서 내가 필세의 목적으로 하는 남양 발전에 관해 가장 종합 대관의 일서를 맺게 된 것을 유쾌하게 생각한다.

一. 본서에 게재된 해외 재류 일본인 통계는 1932년 10월 1일 현재 외무성(外務省) 조사에서, 무역 외의 통계는 최근 조사의 숫자를 취했다.

一. 본서의 기술에서 외무, 탁무(拓務), 해군(海軍)의 3성(省), 대만 총독부, 남양청 및 남쪽 지부, 남양 각 식민지 소재의 제국영사관과 남양 각 지역의 일본 회사 은행 지점이 제공한 유력하고 정확한 조사 자료를 참고하고, 국내외 기간(旣刊) 서적 수십 종에 의해 계발된 곳도 적지 않다. 일일이 열거하는 번거로움은 피하지만, 여기에 특기하여 심심한 경의와 감사를 표한다.

一. 작년 여름 남양제도 시찰에, 각 지방 재주의 동포관 공사, 회사, 은행 외의 출장원 및 유지 제군이 조사 연구에 많은 편의를 제공해 준 호의에 감사하며 본서의 출판에 있어 친구 다카하시 모리헤이(高橋守平), 나카야마 스에산료(中山末三兩)가 원조를 아끼지 않았던 것을 특기해 사의를 표하고 싶다.

1934년 5월

야마다 기이치(山田毅一)

총설

1. 일장기가 가리키는 곳

일장기가 가리키는 곳은 남인지 북인지.

최근 이런 의문을 제기한다면, 혹은 제기하는 사람이 있을지도 모른다. 그만큼 이 문제는 곰팡이 슬어 있는 케케묵은 우론이라고밖에 볼 수 없으나, 잘 생각해 보면 나는 반드시 그렇다고는 생각하지 않는다. 오히려 지금이야말로 우리 일본국민은 진지하게 이 문제를 재음미하여, 국책의 향방을 명백히 파악하고 확인해야 할 때가 아닌가 생각한다.

만주사변 이후, 일본 조야의 관심은 북쪽 한쪽에 한정되어 남쪽은 대부분 망각하고 있는 것처럼 보인다. 정부 당국의 시행도 만호(滿蒙)[1] 대륙에 한결같아, 남방 대향에 대한 관심이 비슷한 중요성을 갖는 것 같지는 않다. 과연 만주국(滿州國)[2] 건설 이후 계속 이어지는

----

1 구 '만주국'(중국 동북부)·내몽골 지구.
2 일본 제국이 만주사변 직후부터 만주 지역에 세운 괴뢰국. 1931~1945.

대륙경영의 공작이나 신산업의 발흥, 수출무역의 증진, 허실을 뒤섞은 요란한 선전 등이 국민의 주의를 끌고 있어 더욱더 흥미를 돋우기에 충분하지만, 그렇다고 그것이 남방 대양을 망각하거나 방치해도 되는 이유는 아니다.

이른바 일만 경제 블록[3]이라고는 해도 구체적으로는 아직 전혀 전망이 서지 않았다. 비록 훌륭한 줄거리가 만들어졌다고는 하나 그 원료를 주로 해외에 요청하지 않으면 안 되는 우리 중요 산업은 만주에서의 공급만으로 과연 만족할 수 있을까. 고무, 마 등 열대 특유의 산물은 별개로 한다. 석유, 면화, 설탕 등은 만주에서도 그 증산 및 개량에 여러 가지 대책을 강구하고 있지만, 자연적 조건의 결함은 충분히 소기의 목적을 달성할 수 있을지 의심스럽다. 하지만 남양에서는 자연적 조건이 충분하여 그것들이 매우 풍부히 생산되는 것이다. 해산물에 이르러 태평양은 무한한 보고이며, 게다가 그 채취는 오로지 일본인의 손에 맡겨져 있다.

일본인이 어업에 관하여 탁월한 실질과 기량을 갖추었음은 널리 세계에 알려져 있지만, 여기에 그 사실을 보여주는 일화가 있다. 우리 위임통치 지역에서, 현재 주로 어업에 종사하는 것은 오키나와현(沖繩縣) 사람이지만, 그들은 천하일품을 자랑하는 일본 어부 중에서도 특히 출중한 소질을 갖고 있다. 바닷속에 잠수해 10분 정도 있는 것은 마치 잠수부 이상의 곡예다. 어느 날 어부 중 한 명이 새파랗게

----

3 1920년대 말기의 쇼와금융공황 및 세계공황에 대응하여 일본 및 그 식민지인 대만
 · 조선, 그리고 만주를 더한 경제블록을 구축하려는 일본의 정책 구상 및 그 블록.

질려 수면으로 떠 올라 왔다.

"무슨 일이야?"라고 물으니

"아니 놀랐어. 상어놈한테 다리를 물어뜯길 뻔했어. 처음에 큰 놈이 두 마리 와서 싸웠더니, 옆에서 또 한 마리가 오잖아. 두 마리라면 지지 않겠지만, 세 마리는 적수가 아니라 도망 나왔어."

이런 식으로 이들은 바닷속에서도 평지와 다름없이 마음껏 일할 수 있다. 그래서 영국, 네덜란드, 미국령 각지의 어장에서도 당국은 그들과 경쟁하기 위해 여러 가지 방해도 하고 어업허가를 내주지 않다가, 이제는 완전히 투구를 벗고 필리핀이든 자와(Jawa)[4]든 술라웨시(Sulawesi)[5]든 일본인이 아니면 물고기를 잡을 수 없다고 시세가 정해져 있다.

단지 원료나 어업 관계뿐만 아니라 면적 381만 평방km, 인구 약 1억을 지닌 남양은, 우리 상품의 도착지로서도 미국에 버금가는 일대 시장이다. 최근 십수 년 일본화 제재[6] 때문에 중국시장에 쫓겨난 우리 상품은 홍수처럼 남양제도에 넘쳐나며, 곳곳의 시장은 대부분 일본 상품에 의해 독점되고 있지만, 앞으로 기대되는 천연자원의 개발과 인문의 개발, 그리고 인구의 증가는 필연적으로 더욱더 해외 제품에 대한 수요를 왕성하게 하고, 구매력을 풍부하게 해, 우리 상품의 시장으로서 남양은 한층 더 중요해질 것임에 틀림없다.

....

4 영어 이름은 자바섬(Java)이다.

5 셀레베스(Celebes)라고도 한다. 인도네시아의 섬으로 세계에서 11번째로 큰 섬이다.

6 주로 중화인민공화국 반일 시위 때 내걸리는 유명한 구호 중 하나로 일본 제품을 보이콧하겠다는 것을 의미한다.

이렇게 생각해 보면, 우리 중요 산업의 원료 공급지로서도, 우리 제품의 시장으로서도 일본에 대한 남양의 경제적 중요성은 만주보다 떨어진다고는 생각되지 않는다. 사실 대륙경영의 여러 공작도 일만 경제 블록도 남양과 밀접한 관계를 갖음으로서 유무상통하며 서로 보완하여 비로소 그 효과를 얻을 수 있는 것이다.

국방적 견지에서도 나는 마찬가지 입장이라고 생각한다. 만호가 대륙에서의 우리 생명선이라면 남양은 바다의 생명선이어야 한다. 대륙의 생명선이 우리 국방상 지극히 중요함은 물론이지만, 동시에 바다의 생명선도 그만큼 중요하기 때문에 결코 경시할 수 없다. 만일 바다의 생명선의 수비를 잃으면 철벽을 자랑하는 대륙의 생명선도 그 효과를 유지하지 못할 것이다.

우리는 조야의 관심이 만호에 쏠리는 것에 이의를 제기하는 것이 결코 아니다. 오히려 대륙에서의 생명선 확립을 위해서는 우리 국민은 상하 일치하여 한층 더 관심과 긴장이 필요함을 알아야 하며, 국방상으로나 경제상으로나 남양의 중요성을 제창하여 걸핏하면 그것을 한각(閑却)하려는 우리 국민에게 경고하고, 굳이 그에 대한 진지한 재음미, 재인식을 요구하려는 것이다.

일장기가 가리키는 곳은 그러니까 남쪽으로, 그리고 북쪽으로다. 결코 하나를 중히 여기고 다른 것을 가벼이 여기지 않는다.

2. 대륙정책과 남양

만주사변이 독발하기 전 나는 자주 중국대륙을 방문했다. 때로는
만주 각지에, 때로는 장강(長江) 일대에, 어느 때는 남중국까지 여정
을 연장하여 각각의 주요 인사를 순방하여 일본·중국의 제문제에 대
하여 기탄없이 의견을 교환하였다. 1928년 여름, 일본의 중의원을
대표해 대만을 방문했을 때는 장제스(蔣介石)를 비롯하여, 장쉐량(張
學良), 옌시산(閻錫山), 리례쥔(李烈鈞), 펑위샹(馮玉祥) 등 많은 영웅들
과 회견하여 일중의 친선을 설파하여, 이른바 타도제국주의와 배일,
배일화의 그릇된 설을 지적하며 기탄없이 논쟁을 벌였는데, 그들은
입으로 친선을 설파하고 태도에 공겸(恭謙)을 가장하였으나 언행은
항상 일치하지 않으며, 그 행동은 언제나 극단적으로 배일이었고, 배
일화였다. 이 때문에 우리 나라가 얼마나 많은 피해를 입었는지 모른
다. 장강 일대에서 우리 손해만도 수억의 금액에 달하고, 재류 일본
인은 이구동성으로 한번 무력에 호소하지 않으면 수십 년 동안의 우
리 노력도 하루아침에 수포로 돌아갈 것이라고 우분하며, 실제로 상
해(上海)상업회의소에서도 강경한 결의를 할 정도였다.

XXXXXXXXXXXXXXXXXXXXXXXXXXXXXXXXXXXXX
XXXXXXXXXXXXXXXXXXXXXXXXXXXXXXXXXXXXX
XXXXXXXXXXXXXXXXXXXXXXXXXXXXXXXXXXXXX
XXXXXXXXXXXXXXXXXXXXXXXXXXXXXXXXXXXXX
XXXXXXXXXXXXXXXXXXXXXXXXXXXXXXXXXXXXX
XXXXXXXXXXXXXXXXXXXXXXXXXXXXXXXXXXXXX

XXXXXXXXXXXXXXXXXXXXXXXXXXXXXXXXXXXX
XXXXXXXXXXXXXXXXXXXXXXXXXXXXXXXXXXXX
XXXXXXXXX『XXXXXXXXXXXXXXXXXXXXXXXX?』
XXXXXXXXXX.

　우리 대륙정책은 말할 것도 없이 조야 일치의 국책이다. 정한론도,
청일·러일 전쟁도 이로 말미암아 일어났으며, 유럽 대전 중의 시베
리아 출병도 섣불리 미국의 말에 넘어간 것은 아니다. XXXXXXXX,
XXXXXXXXXXXXXXXXXXXXXXXXXXXXXXXXXXXXXX.
이 대륙경영에 대해서는, 나도 굳이 남에게 뒤질 거라고 생각하지
않는다. 즉 정당 내에 문관 육해군대신설이 나오자 결연히 이에 반대
하여 군사는 군부에 일임해야 한다고 극론한 것도 즉, 그에 입각하여
문무 각각 그에 따라 국가의 경론에 맡기는 것이 국가에 유리하다고
믿었기 때문이다. 만주사변 전에 간도(間島)문제가 발생하자마자 나
는 위험을 무릅쓰고 그 땅에 잠행하여 일의 진상을 알아보아 군부,
조선 총독부 및 외무부에 참고 자료를 제공하여 조금이라도 국책 수
행에 기여할 것을 기약한 것이지만 이제는 만주국이 독립되어, 다년
간 우리의 대륙정책을 실현하기에 이른 것은, 아무래도 국가의 큰
복이다. 이는 어떤 국제 관계를 야기한다고 해도 적극적으로 나아갈
수밖에 없다. 국민은 이 방침을 견지하고 정부 및 군부를 지지하고
편달해야 한다고 생각한다.

　대륙정책은 우선 그렇다 치고, 요 다음의 1935, 36년의 해군조약이
문제다. 이때야말로 사실상 국제연합은 탈퇴하고, 국제간 방비문제
가 극도로 긴장되는 대목이자 타협이냐 파열이냐의 갈림길이다. 제

국의 진정한 위기가 이때임은 누구도 의심할 수 없다. 이 위기를 앞두고 일본의 대책은 어떻게 될 것인가, 히로타(廣田) 외상이 밝힌 대로 외교 공작에 의해 평화롭게 국면 전환을 기원해야 함은 물론이지만, 그렇다고 하더라도 만일의 경우를 예상하여 대책을 강구하며, 오스미(大角) 해상의 이른바 '기다릴 것을 믿는' 준비가 반드시 필요할 것이다.

그런데도 국민의 이목이 오로지 만호에만 쏠려, 까닥하면 남양이 국민의 관심권외로 일탈하려는 것은 너무 근시안적이지 않은가. 대륙정책 수행과 더불어 남방정책의 확립은 국책 상 매우 중요한 문제이다. 나는 이런 견지에서 1933년 7월, 남방 일대의 군도 조사를 생각하고, 먼저 우리의 남양 위임통치제도를 한 바퀴 돌아 네덜란드령 각 군도에 이르렀고, 다시 영국령 해협식민지를 순방한 후, 11월에 귀국했다.

돌이켜보면 지금으로부터 27년 전인 1908~1909년에 나는 영국령 해협식민지, 프랑스령 인도차이나 및 네덜란드령 동인도 지방을 탐험 시찰한 적이 있다. 1911년 다시 이들 남양 각지를 순유(巡遊)하고, 1916년 일본 오가사와라 군도(小笠原群島)[7] 이남의 지점을 선정하고, 유럽 대전 중 유럽으로 가는 중에 세 차례에 걸쳐 말레이시아 지방을 시찰했는데, 이번에는 우리 위임통치제도에서 서남쪽으로 내려와 회유지를 순유하며 대 남양의 최근 상황을 자세히 조사했던 것이다.

----

7 일본의 도쿄 23구에서 남쪽으로 약 1천km 떨어진 군도이다. 행정구역상으로는 도쿄도(東京都)에 속해 있다.

3. 위임통치제도의 현 상황

우리 위임통치제도는 적도 이북에 있는 마리아나, 캐롤라인, 마셜 등 세 군도로 동경 130도에서 175도, 북위 0도에서 23도에 이르고, 남북 약 1천300해리, 동서 약 2천500해리에 이르는 광막한 해양에 산재한 천 여의 대 군도로 이루어져 있다. 마치 청야의 군성을 우러러 보는 듯 작은 섬들이 이 대양에 흩어져 있는 것이다.

요코하마(橫濱)로부터 남쪽으로 700해리, 오가사와라 제도에서 또 남하하면 마리아나 제도에 이른다. 이 마리아나 제도와, 그 남쪽에 있는 캐롤라인 제도는, 우리의 후지대(富士帶) 화산맥이며, 남태평양 최대의 분화산으로 불리는 파자로스섬(Farallon de Pajaros)은 마리아나 제도의 최북단에 위치한 섬으로, 밤낮없이 약 10분마다 분화하고 있다. 낮에는 번개를 부르고 밤에는 검은 해상에 마치 큰 등명대와 같이 화염을 토하며 용암을 흘리는 광경은 장관이라기보다는 오히려 굉장한 느낌이 든다. 이 화산맥은 또한 남서로 네덜란드령 술라웨시 섬 북부의 미나하사주로 이어진다. 홀로 동서로 이어진 마셜 군도는 화산대가 아니고 산호초로 이루어진 해면의 저지대 모양을 이루고 있다.

우리 위임통치 구역은 이렇게 많은 섬들로 이루어져 있지만 그 면적은 모두 좁고 전부를 합쳐도 도쿄부(東京府, 약 140평방 마일)의 넓이에 불과하다. 따라서 육상의 농지 및 이용 면적은 극히 한정적이지만, 그 해양 이용 관계상으로는 우리 해방상은 물론, 수산 방면에서도 문자 그대로 무한의 보고라 할 수 있다.

1914년 10월, 제국 해군이 이 크고 작은 섬들을 점령한 이래로 오랫동안 군정(軍政)이 펼쳐졌으나, 1922년 4월부터 남양청(南洋廳)[8]을 두고 민정을 펼치게 되었다. 그리하여 팔라우(Palau)의 코로르섬(Koror)에 남양청이 설치되었고, 그 아래에 사이판(Saipan), 야프(Yap), 팔라우(Palau), 트루크(Truk),[9] 포나페(Ponape),[10] 잴루잇(Jaluit)의 6개의 지청이 설치되었다. 점령 당시에는 불과 수십 명에 불과했던 일본인은, 그 후 점차 증가하여 오늘날에는 전 군도에 2만 8천 명 이상에 달하여 종래의 토착민 5만 명과 합쳐 7만 8천 명의 인구를 갖는다.

이들 섬에서 생산적인 사업에 종사하는 회사 중 주된 것으로는 먼저 남양무역회사(南洋貿易會社)를 꼽는다. 이 회사는 1906년 창립되어 이후 수많은 변천을 거쳐 오늘날의 성황을 보게 되었는데, 현재 모든 섬에 걸친 무역의 중추에 해당하고, 일본 우편선의 각 지역 대리점으로서 물자의 수출입에 종사하고 있다. 다음으로 신예 세력으로 전 섬의 개발에 정진하고 있는 것은 남양코하쓰주식회사(南洋興發株式會社)로, 그 사업은 현재 남양제도를 지배하고 있다고 해도 과언이 아닐 것이다.

남양코하쓰는 마쓰에 하루지(松江春次)를 사장으로 하여 약 10년 전 사이판섬에서 제당업에 착수하게 되었는데, 그때의 동양척식주식회사(東洋拓殖株式會社)의 총재 이시즈카 에이조(石塚英蔵)는 아낌없

----

8 1919년 6월 28일에 체결된 베르사유 조약에 따라 설치된 일본 제국의 위임통치령인 남양군도를 관할하던 행정 조직이다.
9 추크 제도(Chuuk Islands)라고도 함. 태평양 남서쪽에 위치.
10 현재의 폰페이섬(Pohnpei). 미크로네시아 연방의 섬으로, 캐롤라인 제도에 속한다.

이 사업을 후원하였고, 10년간 마쓰에의 엄청난 노력은 마침내 보상
받아 오늘날의 성황을 이루게 되었다. 그리고 현재에는 사이판, 티니
언(Tinian) 두 섬에서 제당사업 외 부업이라 할 수 있는 술 제조에서
청량 음료, 포나페 외의 전분 제조업으로 발전시켰으며, 또한 남방
뉴기니에 진출하여 댐머(바니시와 같은 도료) 제조, 면화재배 사업을
하는 등 불모지 개척이나 이식민 사업에 최선의 노력을 다해 모두
상당한 효과를 거두고 있어 우리 남방정책상 참으로 유쾌하다.

그 외 수산 방면에서는 사이판, 티니언, 팔라우 지방에서 가다랑
어, 참치 어업이 상당히 성황을 이루고, 해면, 바다거북, 소라, 진주
조개의 양식도 점점 성적이 볼만하다. 게다가 육상에서는 야자의 재
배, 코프라[11]의 제조를 장려하고, 남양산업주식회사(南洋産業株式會
社)나 남일본흥업주식회사(南日本興業株式會社)가 장래의 개간과 통
상, 수산 방면에까지 진출하려고 하는 등 개인적인 통상무역 외의
사업도 순조롭게 효과를 얻고 있으며, 그 외의 일본인 활동과 원주민
보호 산업장려는 더불어 군도의 산업계에 찬란한 장래를 보장한다.
실제로 그 효과의 일단은 남양청 재정 개선에도 여실히 드러난다.

1934년도 남양청 세출입 총예산은 563만여 엔(円)으로, 전 년부터
는 국고의 보조금을 받지 않고, 독립 합계를 하기에 이르렀다. 지금
까지는 매년 180만 엔에서 30만 엔으로 점차 적어지기는 했으나 국고
에 폐를 끼쳤지만, 앙가우르(Angaur)섬의 인광에서 매년 100만여 엔

----

11 야자나무 열매의 과육을 말린 것.

의 수입이 있는 것과 남양코하쓰주식회사 외의 세금으로 드디어 오늘날과 같이 독립된 세대가 된 것이다. 그리고 앙가우르섬의 인광은 앞으로 20여 년의 명맥을 유지할 것으로 기대되고 있다.

다음으로 교화(敎化)방면인데, 독일 영유시대에는 주로 마셜 제도(Marshall Islands) 방면의 개발에 힘쓴 것으로 보인다. 따라서 그 지방의 토착민 생활은 서구화되고 종교적 감화로 풍속 습관도 눈에 띄게 향상되어 있다. 마리아나, 캐롤라인 제도는 우리의 위임통치가 되고 나서 점점 문화적 설비가 완성되어, 교육과 같은 것은 20년간 완전히 바뀌었다. 모든 섬에 공립학교를 만들고 토착민의 교육에 힘써, 오늘날에는 20대의 청년 자녀는 자유로이 일본어와 문자를 사용한다. 교과서도 조만간 일본의 국체에 합치하도록 개편될 것이지만, 토착민 자제가 기미가요를 부르고, 일본어로 인사를 하는 모습은 실로 눈물겨운 광경이다.

4. 제국의 국방과 남양

국제연맹 탈퇴 이후, 일본은 거의 고립의 운명에 빠져 있는 것처럼 보인다. 중국은 물론 러시아도 미국도, 옛 동맹국인 영국조차도 일본에 다대한 호의를 기대하는 것은 우선 미덥지 못하다. 굳이 그들이 일본을 뭇매질할 기회를 노리고 있다고는 말하지 않겠지만 제국으로서는 이를 상상해 외교적 공작을 통한 국제 관계의 호전을 기하는 동시에 한편으로 국방상 만전의 대책을 수립해야 함은 물론이다.

태평양이 장래에 격렬한 경제적 국제 전쟁터가 되리라는 것은 구안자의 일치된 견해이지만, 군사상에서도 마찬가지로 다사일 것으로 생각된다. 그런데 둘러보니, 태평양에서 우리 나라와 각축을 감당할 만한 실력을 갖출 수 있는 것은 국제 연맹 회원국 중 북미합중국 외에는 없다. 북미합중국은 오랜 세월 우리와 친선의 나라이지만 세계정세에 맹목적인 다수 국민 중에는 일본에 대해 터무니없는 오해를 가진 사람이 적지 않다. 특히 만주사변 이후 동양 평화의 확립을 기하는 일본의 진의를 오해하고 곡해하여 일본이 평화의 교란자인 것처럼 착각하는 자들이 증가한 사실은 부인할 수 없다. 미·일 양 국민의 대립 감정을 더욱 첨예히 하고, 국제 관계를 더욱 험악하게 만드는 것은 멋대로 전쟁열을 부추기는 양국의 선동자와 저널리즘의 사려 없고 무책임한 언동이다.

미국이 대서양 함대를 태평양에 회항하며 무언의 시위를 시도한 것은 적잖이 우리 민심을 자극했지만 후에 이를 옛 위치로 되돌린 것은 미국 당국자의 평화애호를 표시하는 증거로 볼 수도 있다. 또 미국 지식인들은 미·일이 서로 싸우는 것이 무의미함을 잘 알고 기회가 있을 때마다 평화설을 펴 중우를 계몽하는 데 주력하고 있지만 전쟁이라는 것은 이해타산 위에서만 일어나는 것은 아니다. 한때의 엇갈림이나 감정의 괴리, 기타 사정으로 돌발할 우려가 있음은 역사가 우리에게 가르쳐 준다. 하물며 미국과 같은 공화정체의 나라에서는 중우의 의견이 득세하고 야심 찬 정치가가 이것을 이용하여 자가 권세의 도구로 제공할 위험이 있다. 양국 사이에 언제 어떤 위기가 조성될지 섣불리 예측하기 어렵다.

XXXXXXXXXXXXXXXXXXXXXXXXXXXXXXXXXXXXXXXXX
XXXXXXXXXXXXXXXXXXXXXXXXXXXXXXXXXXXXXXXXX
XXXXXXXXXXXXXXXXXXXXXXXXXXXXXXXXXXXXXXXXX
XXXXXXXXXXXXXXXXXXXXXXXXXXXXXXXXXXXXXXXXX
XXXXXXXXXXXXXXXXXXXXXXXXXXXXXXXXXXXXXXXXX
XXXXXXXXXXXXXXXXXXXXXXXXXXXXXXXXXXXXXXXXX
XXXXXXXXXXXXXXXXXXXXXXXXXXXXXXXXXXXXXXXXX
XXXXXXXXXXXXXXXXXXXXXXXXXXXXXXXXXXXXXXXXX
XXXXXXXXXXXXXXXXXXXXXXXXXXXXXXXXXXXXXXXXX
XXXXXXXXXXXXXXXXXXXXXXXXXXXXXXXXXXXXXXXXX
XXXXXXXXXXXXXXXXXXXXXXXXXXXXXXXXXXXXXXXXX
XXXXXXXXXXXXXXXXXXXXXXXXXXXXXXXXXXXXXXXXX
XXXXXXXXXXXXXXXXXXXXXXXXXXXXXXXXXXXXXXXXX
XXXXXXXXXXXXXXXXXXXXXXXXXXXXXXXXXXXXXXXXX
XXXXXXXXXXXXXXXXXXXXXXXXXXXXXXXXXXXXXXXXX
XXXXXXXXXXXXXXXXXXXXXXXXXXXXXXXXXXXXXXXXX
XXXXXXXXXXXXXXXXXXXXXXXXXXXXXXXXXXXXXXXXX
XXXXXXXXXXXXXXXXXXXXXXXXXXXXXXXXXXXXXXXXX
XXXXXXXXXXXXXXXXXXXXXXXXXXXXXXXXXXXXXXXX

    떠나야 한다는 엄명을 받고 거주 일본인이 쫓겨난 것은 사실이다. 만약 마땅한 이유도 없이 퇴거를 명령받았다면 우리로서도 상당히 항의를 해야 할 텐데도 이를 덮어두는 것은 왜인가.

괌(Guam)섬에는 일본인 스파이가 있어 때때로 사이판 근처에 온다고 한다. 실제로 해군 대훈련 중에도 이상한 사람이 종종 왕래한 것으로 전해진다. 선교사나 화가를 가장한 영미의 군인 간첩이 가끔 우리 위임통치제도에 나타나는 것은 엄숙한 사실이다.

오가사와라 군도는 지치지마(父島), 하하지마(母島)와 기타 열도로 이루어져 있으며 면적은 9만 8천398정보(町步).[12] 항만으로는 후타미항(二見港), 오키항(沖港), 히가시항(東港), 키타항(北港)이 있으며, 위치로 봐도 국방상 가장 중요한 의의를 가지고 있다. 더욱이 그 거리는 요코스카(橫須賀)로부터 불과 700여 해리, 우리 위임통치제도와 상응하여 제국 국방의 일대 장벽을 이루고 있는 것이다.

5. 보고(寶庫) 남양의 전망

태평양에 산재한 우리 위임통치제도가 일본의 국방상, 경제상 그 가치가 매우 중요한 것임은 앞에서 서술한 대로인데, 앞으로는 또한 남방에 가로놓인 뉴기니(New Guinea) 대륙의 이용에 대한 공구(攻究)를 할 필요가 있다.

뉴기니섬은 네덜란드령만으로도 40만 평방km여서 거의 우리 나라 내지 면적과 필적하다. 그럼에도 이 광막한 지역의 인구는 불과 19만

----

12 토지의 면적을 나타내는 단위. 1町步=약9917m².

여 명, 1평방km의 밀도는 0.5명의 비율에 불과하다. 네덜란드는 300년 동안 네덜란드령 동인도 지방을 영유해 오고 있는데, 개발의 주력은 오직 자와섬에 쏠려 있다. 수마트라, 보르네오, 술라웨시 제도 연안 지대에도 최근에는 개발에 손을 댔지만 뉴기니는 요즘 겨우 조사를 개시한 정도로 거의 자연 그대로 방치되어 있다고 봐도 무방하다. 무엇보다 지금으로부터 7년 전, 자와 공산당 현명소동이 일어나, 철도종업원이 주축이 되어 반란을 계획했을 때, 진정된 후 이들 범죄자 2천 명을 유배자로 뉴기니에 이주 시켜 개간 일에 투입시켰으나 도망자, 나병 환자가 속출하여 소기의 효과를 얻지 못한 듯하다.

우리 남양코하쓰회사는 독일 포닉스개간회사의 권리를 계승하여, 나빌레(ナビレ)[13]의 남쪽 육지에 댐머 생산 사업을 시작하고 면화의 시작(試作)에 종사하고 있다. 우리는 타국의 영토를 침해하려는 생각은 털끝만큼도 없지만 앞으로 이 뉴기니 방면에 경제적 식민 진출을 꾀하는 것은 남방 발전상 가장 중요하다고 생각한다. 앞에서도 말했듯이 이 미개발 지역은 인구가 희박하고 천고에 손을 대지 않은, 사람 발길이 닿지 않은 대삼림이 있어 어떠한 보고가 그 안에 매장되어 있는지 아직 아무도 모른다. 해안 일대에서 어족패류의 다산성은 우리 남양청 및 대만총독부(臺灣總督府)의 수산조사선의 보고에 의해서도 명료하지만 특히, 해군의 조사에 의하면 네덜란드령과 호주 위임통치의 경계 부근에 있는 하류에는 자연히 석유가 솟아나 원주민들은

---

13 원서에서는 'ナビレ(나빌레)'와 'ノビレ(노빌레)'가 혼용되어 사용되고 있다.

일상적으로 이를 사용하고 있다는 것이다. 향료, 진기한 나무, 조수의 종류에 이르러서는 세계 진귀한 것이 얼마나 있을지 모른다. 그런데 여기에 재류하는 일본인은 현재 불과 2백여 명, 그것도 부근의 섬에 있는 재류민을 합한 게 이 정도에 불과한 것은 아무래도 좀 부족하다.

남양청 소재의 팔라우섬에서 불과 이틀 밤낮이면 뉴기니의 마노콰리(Manokwari)에 이르는데, 이와 거의 비슷한 거리에 미국령 필리핀이 있다. 이 군도는 면적이 29만 6천285평방km이고, 인구는 약 1천235만 명이다. 마닐라삼과 담배로 세계에 널리 알려져 미국 정부는 거액을 들여 도로를 개착하고 항운을 원활히 하여 각종 사업을 장려한 결과, 이 섬의 산업은 점차 면목을 일신했다. 하지만 이 섬사람들 사이에 해마다 독립의 기운이 왕성해지면서 미국 본국에서도 오히려 필리핀 통치를 귀찮게 여기는 경향이 있어 포기론마저 제기되었다. 지난달 이 섬의 양원 합동 특별회의는 마침내 만장일치로 미 의회의 필리핀 독립안 승인에 이어 필리핀 독립을 수락하기로 결정했다. 원래 섬 주민과 일본인은 매우 친선한 관계이므로 이주 돈벌이와 함께 종래의 제한이 풀리는 것만으로도 일본인의 진출에 얼마나 유리한지 모른다. 민다나오섬(Mindanao) 다바오(Davao)에는 오타흥업(太田興業) 후루카와(古川) 등 각 회사의 식민지가 있어 중국인 노동자의 입국이 금지된 까닭도 있지만, 이곳의 삼베 재배업은 전부 일본인의 손에 경영되고 있다. 투자액이 1천만 엔, 농원수가 43개, 재류 일본인이 1만 2천 명에 달하는 것을 보아도, 이 섬의 산업 발달에 일본인의 공적은 무시할 수 없을 것이다.

또 팔라우에서 배로 이틀 밤낮이면 도착하는 서남쪽 술라웨시의 마나도(Manado)항 부근은 기존에도 일본인과 특별한 왕래 교섭이 있었던 곳으로, 도서에서 어업 외에 종사하는 일본인이 232명, 술라웨시 남쪽의 마카사르(Makassar) 부근을 합하면 약 500명의 일본인이 활동하고 있다. 섬 내에는 산물이 풍족하여 향료, 수피(獸皮), 커피, 등나무, 진주, 소라, 옥수수, 목화 등 각종 목재, 열대 지역 특산물은 뭐든지 생산되고, 광산물도 금은, 동 합금의 산출이 적지 않다. 하지만 현재 개발이 진행되는 지역은 최북부와 최남부로 한정되어 중앙부는 지금도 자연 상태로 방치되어 있다. 북단의 미나하사주에는 어업에 종사하고 있는 일본인이 약 200명, 스람(Seram)섬의 암본(Ambon)에는 하라코(原耕) 군이 원정 어업에 종사했으나 안타깝게도 지난해 가을 9월 남명 땅에 고인이 되었다. 마카사르 지방에는 목요섬(Thursday Island)과 호주 서북안에서 진주조개를 채취하던 동포들 중 성공적으로 장사를 하고 있는 이가 많다.

네덜란드령 동인도 중, 문화가 가장 발달한 곳은 뭐니 뭐니 해도 자와이다. 여기에는 인구가 38만 명, 일본인이 약 4천 명이다. 섬 내에는 철도, 자동차 도로 등 사통팔달하고 항만, 도시, 산촌에 이르기까지 전부 서구화되어 있으며 문화의 정도가 다른 네덜란드령 제도와는 비교할 수 없을 정도로 발달했다. 도시 중에는 바타비아 (Batavia)[14]가 정치의 중심지이고, 수라바야(Surabaya)항이 무역의 중추이며 그

---

14 인도네시아의 수도 자카르타의 옛 이름이다.

외 스마랑(Semarang), 치르본(Cirebon), 욕야카르타(Yogyakarta), 솔로
(Solo)[15] 등도 상공업이 은성한 지역인데, 바타비아를 도쿄(東京)로 치
자면, 오사카(大阪)는 필시 수라바야이다. 기존에 자와에 들어오는 유
럽품은 싱가포르를 거쳐서 왔지만, 지금은 수라바야로 직접 수입되
고, 특히 일본품은 고베(神戶)에서 한 번에 수라바야로 직송되므로 앞
으로 남양에서 상거래의 중심은 수라바야가 되고, 따라서 일본과의
거래는 물론, 우리 위임통치제도로부터의 물자도 수라바야를 중심으
로 거래될 것이다.

　네덜란드령 보르네오(Borneo)는 전체 섬의 4분의 3의 지역을 차지
하며, 이는 일본 본토에 비해 거의 2배의 넓이이다. 섬 안은 높은 산,
넓은 들에 큰 강이 도도히 그 사이를 흐르고, 3대 천은 3천 톤의 기선
이 수백 마일의 상류까지 소항할 수 있다. 옥야 수백 마일에 걸쳐
야생고무, 등나무, 녹나무, 야자수 등 자연 산물이 풍부한 데다 석탄,
금, 구리, 철, 금강석이 풍부하고 석유의 산출도 막대한 양에 이르고
있지만 해항지 및 특수 산업지를 제외하고는 아직도 야만 미개의 영
역을 벗어나지 못하고 있어 부원(富源) 개발은 모두 장래가 기대된다.
모든 섬의 인구는 2만 명, 재류 일본인은 800명이다.

　수마트라(Sumatra)는 인구가 7백만 명으로, 일본인은 1천600명이
다. 지질이 양호하고 싱가포르나 바타비아에 가까운 지리적 관계때
문에 해외 투자가, 기업가가 앞다투어 개발 사업에 참가해, 새로운

----

15 혹은 수라카르타(Surakarta).

농원이 잇달아 생기고 신도로는 날마다 개설되어 최근의 발전은 눈부시다.

말레이반도(The Malay Peninsula)의 재류 일본인은 고무, 주석, 철광산 등의 사업에 종사하는 8천 명이고, 시암(暹羅),[16] 프랑스령 인도차이나(Indochina)는 각각 약 400명으로, 이상 이른바 오모테 남양 일대의 지역에서 활동하고 있는 일본인은 약 3만 명이다. 여기에 우라 남양의 우리 위임통치 지역 거주 일본인을 더하면 약 6만 명 이상의 사람이 남양 각지에 재주하고, 모두 상, 농, 광 산업에 종사하고 있는 것이다. 약 20년 전, 남양 일대의 거주 일본인 1만 명에 지나지 않았던 것에 비하면, 실로 격세지감이 있는 동시에, 그만큼 우리 국력의 진전을 상상할 수 있을 것이다.

6. 일본상품과 남양시장

최근, 남양 지방에서 일본 상품의 진출은 놀라울 정도로 네덜란드령 각지에는 면포, 맥주, 시멘트, 그 밖의 잡화, 일용품에 이르기까지 거센 기세로 수입이 되고 있다. 이를 본 네덜란드령 정부에서는 때로는 수입 제한, 때로는 높은 관세를 부과하여 있는 힘을 다하여 수입을 막으려고 시도하고 있으나, 어쨌든 싼 가격과 값싼 운임으로 흘러들

----

16 현재의 태국이다.

어 오고 있어 어찌할 방법도 없이 곤경에 처한 것은 세상 사람들이
이미 잘 알고 있을 것이다.

도대체 이러한 현상은 무엇 때문에 초래된 것일까? 말할 것도 없이
수년 전부터 우리 나라 산업계에서 행해진 산업 합리화, 즉 산업의
통제와 생산비의 저하로 우량품을 싼 가격에 생산하는 조직 개선과
싼 환율에서 기인하고 있는 것이다. 유럽이 전쟁 중일 때, 우리 상품
은 품질이 낮은 물건을 마구 만들어 내어 한때 세계의 신용을 잃었으
나 최근에는 우량품을 싼 가격에 계속 수출하고 있어 점점 신용을
얻기에 이르렀다.

그중에서도 고무 신발, 고무 슬리퍼, 자전거 및 도자기류 등은 싼
가격으로 세계를 놀라게 하고 있으며, 자전거 타이어도 유럽제, 미국
제의 반값에다가 내구력은 2배가 되어, 그동안 액귀와 같이 대항하였
던 유럽 상인들도 요즘에는 두 손을 들은 것 같다. 사진기, 라이터도
역시 단연 일본제가 환영받고 있다. 원주민의 가옥에 사용되는 함석
판 같은 것도 대부분 일본제로 한정되어 있고, 그 밖에 화이트 셔츠,
메리야스류도 유럽제, 미국제를 압도하고 있다.

더욱이 유쾌한 일은 남양에 재주 하는 우리 상인들이 도처의 시장
에서 순조로이 지나(支那)[17] 상인의 지반을 잠식하고 있는 것이다. 종
래 일본 상품은 대개 중국인의 손을 거쳐 처리하여야 했는데, 최근에
는 일본인 상인의 손으로 직수입하기 때문에 한층 더 싼 가격에 거래

----

17 중국을 가리키는 호칭 중 하나이다. 이 말은 현재 중국인들, 특히 중화인민공화국
  국민들로 하여금 이 이름을 차별적, 경멸적인 호칭으로 받아들이고 있다.

될 수 있게 되어 대단히 번영을 자랑하던 화교들도 지금은 비명을 지르고 있다. 이와 반대로 자와섬 재주의 일본 상인은 근래 매우 활기를 띠고 있으며 상점의 수도 수년 전에 비해 증가하였다.

일본 상품이 우수함에도 불구하고 싼 가격에 팔리는 것은 첫째, 봉급과 임금이 저렴하기 때문이기도 하다. 일례를 들자면, 높은 급의 선장이라도 내지에서는 월급이 200엔 정도인데, 네덜란드의 KPM회사 정도의 선장이면 월급이 1천~1천500길더(盾)[18]라고 한다. 현재 환율 시세로 하면 우리 화폐로 2천~3천 엔 이상이 된다. 기사장(技師長)이나 공장장이라도 이 정도 월급은 당연한 것으로, 이를 우리 나라와 비교하면 이야기가 되지 않을 정도로 차이가 있다. 노동 임금도 비싼 탓에 값싼 상품이 될 리가 없을뿐더러 운임도 우리 나라에 비해 십수 배나 높은 비율로 오르고 있다. 때문에 네덜란드 상선(商船)은 자와에서는 우리 우편선, 상선, 이시하라(石原) 기선 및 남양 우편선과는 도저히 겨룰 수가 없다. 그렇다고 하여 운임을 낮출 수도 없고 감봉도 하지 않기 때문에 화물이 있을 턱이 없어 KPM회사의 배는 항상 항구에 잠자고 있다. 실제로 내가 여행하고 있을 때, 수라바야에서도 바타비아에서도 십수 척이 항구 내에 매어 있는 상태였다. 관사, 군인의 봉급이 놀랄 정도로 높은 것은 말할 것도 없다.

게다가 자와에서 제당사업은 수년간의 세계적 다산과 우리 나라 제당사업 발흥의 영향으로 심한 부진에 빠져 제당회사가 폐쇄한 곳도

....

18 네덜란드의 옛 화폐 단위(Guilder).

적지 않다. 이렇게 사업은 부진하고 상품은 일본에 압도당하고 있다. 관사와 회사원이 여전히 높은 월급을 받아 사치스러운 생활을 이어가고 있는 것은 자연스레 네덜란드령 동인도 정부의 재정에 화가 되어, 작년의 경우는 본국의 국고를 흥청거리게 했을 뿐만 아니라, 1억 길더(약 2억 엔 정도)의 적자를 내어, 본국 정부는 2억 길드의 공채를 발행하여 겨우 이 적자를 보전하였다는 형편이다. 이는 300년 동안 끊이지 않았던 사실로 네덜란드 정부가 우리 나라의 무역 대책에 비명을 지르는 것도 무리는 아닌 바이다.

말레이반도에서 일본인 경영 사업의 주는 첫째로 고무 재배이다. 이 사업은 최근 고무 가격이 폭락하여 불황의 구렁텅이에서 허덕이고 있었는데, 요즘 어느 정도 회복하여 사업도 이제는 나아지고 있는 것 같다. 다음은 조호르 왕국(Johor Empire) 내 철광으로, 서해안에는 이시하라 산업의 채취소, 동해안에는 니혼(日本) 산업의 채취소가 있다. 니혼 산업 쪽은 우리의 동절기에 들어가면 해안이 황폐해져서 적취(積取)하는 데 불편을 면할 수 없으나, 이시하라 산업 쪽은 바투파핫(Batu Pahat) 강을 내려오는 거룻배로 내보내기 때문에 적취에 불편함이 없고 야하타(八幡) 제철소는 연 생산량의 45%를 여기에서 수입하고 있다. 이 철광 채굴의 세금은 조호르 왕국의 재산을 풍요롭게 하고 있다고 한다.

30년 전, 싱가포르를 중심으로 말레이반도와 네덜란드령 동인도 여러 섬에는 3천 명에 이르는 우리 낭자군(娘子軍)[19]이 둥지를 틀고 있어 일본인이라고 하면 매춘 국민인 것처럼 중국인과 원주민들로부터 멸시를 받았다. 그러나 세계대전 중, 제국 해군의 근거지를 싱가

포르에 두게 되어 출입하는 상선은 모조리 일장기를 펄럭이며 해권을
장악하였고 이들 지방에 식산(殖産) 사업을 일으킴과 동시에 순조롭
게 상품의 새로운 판로를 개척하여 확장해 갔다. 지금은 낭자군은
완전히 모습을 감추었고, 일본인 경영의 개인 상점과 여러 회사의
지점이 일등 도로에 당당히 늘어서 있는 것을 보면 실로 격세지감을
느낀다.

　1908년, 내가 처음으로 남양을 방문했을 때, 네덜란드령 자와에는
영사관이 설치되어 있지 않았다. 그랬던 것이 1909년 바타비아에 신
축되어 지금은 총영사관이 되었다. 그 당시와 비교해보면 이 지방에
서 우리 국세의 진전도 5배 내지 6배는 된 것 같다. 때문에 영사관의
일도 그만큼 다망해진 것은 당연하나, 그럼에도 불구하고 여전히 총
영사 외 2명의 서기생에게 외교일, 통상일, 여러 종류의 조사 사항까
지 일체 맡기고 있는 것은 왜 그런 것일까? 우리 남방 발전을 리드하
는 국가 기관인데 이걸로 과연 만족스러운 성과를 거두는 것이 가능
할 것인가? 면사무소의 호적 조사조차 이 정도의 인원은 필요하다.
해외 출장지 관헌(官憲)과 관련된 상태는 우리 남방 발전의 장래에
있어 마음이 놓이지 않을 뿐이다. 외무성은 지금 조금 예산을 내어
십분 이 기관을 활용해야만 하지 않을까.

----

19 19세기 후반에 해외에서 원정 성매매를 하던 일본인 여성들을 가리키는 말로 가라유키
　　상(唐行きさん)이라고도 한다.

7. 웃어야 할 일본의 유령

나는 이번 여행 중, 네덜란드 식민지와 영국령 식민지에서는 일본
·미국 양국이 지금도 개전하는 것처럼 세간에 소문이 나 각지에서
신경질적인 질문을 받거나 행동을 과시당하거나 하였다. 네덜란드령
술라웨시의 마카사르섬에 갔더니 여기에 재주하고 있는 육해군 수비
군의 병영이 텅 비어 있었다. 어떻게 된 것인지 묻자 보르네오의 서머
링(サマリング) 지방에 가 있다고 한다. 서머링 지방은 유명한 석유 산
지이다. 만일 일·미가 개전한다라고 하면 일본은 분명 이 방면의 석
유 광구를 점령할 것에 틀림없다. 일본·미국 어느 쪽이 승리자가 될
지는 모르지만 만일 미국이 승리하기라도 하면 일본 해군에 석유 광
구를 주었다고 우겨대면 면목이 없다. 때문에 어차피 일본 해군에
필적할 수 없지만 형식적이라도 반항하는 태도를 취하지 않으면 안
되어서 해군 사병은 지금 보르네오에 출장 가 있다고 하는 것이다.
네덜란드로서는 당연할지도 모르지만 그렇다고 하더라도 너무나도
신경 과민한 것이 아닌가.

싱가포르에서는 예의 3천 500만 파운드를 투입하여 축항하였다는
해군 근거지를 구경갔다. 이전에는 협곡을 넘어 조호르에 건너갔다
고 하는데, 가까운 말레이반도의 종단 철도가 싱가포르섬까지 연장
되어 조호르에서 해협을 매립하고 레일을 부설하여 주요 항구의 중요
한 부분은 항해할 수 없었다. 다행히도 주요 항구의 입구 북동쪽에
해당하는 높은 지역은 우리 상고(三伍)회사가 차입한 산으로 여기에
서 주요 항구의 내부를 눈 아래 한눈에 조망해 볼 수 있었다. 이런

곳에 부양식 독(dock)을 건설하거나 하고 있는데 주요 항구로서 가치가 없는 것은 전문가가 아니더라도 한번 보고 알 수 있다. 때문에 이 요새의 입구까지 누구라도 자유롭게 갈 수 있는 것은 정말로 영국다운 개방적인 아량이다.

주요 항구 부근에 있는 46개의 석유 탱크는 노출되어 삐죽삐죽 하늘에 닿을 정도이다. 탄종파가(Tanjong Pagar) 부근의 고지에도 32개의 석류 탱크가 있는데 이것들도 모두 노출되어 있다. 때문에 비행기의 좋은 표적이 되는 것을 피할 수 없다. 만약 영국이 싱가포르에 투자한 만큼의 금을 홍콩 조영(造營)에 썼다면 한편으론 일본에 대해, 한편으론 필리핀에 대해, 또 한편으론 중국에 대해 일대 위협이 되었을 테지만 싱가포르 주요 항구의 가치는 별것 아니라는 평판을 들었다. 게다가 네덜란드령 인도 각지에서도 영국령 해협식민지에서도 병대는 모두 사병으로 간부 이상이 네덜란드 사람, 영국 사람이기 때문에 그 실력은 대충 상상이 가능할 것이다. 그 설비와 훈련 모습도 모두 원주민에 대한 시위 운동에 지나지 않는다.

요새 남양에서는 "낡은 것을 구경하려면 유럽에 가고, 새로운 것을 보고 싶으면 일본에 가라"라는 것이 구호가 되어 있다. 학문의 진보부터 과학의 응용, 건축, 케이블에 이르기까지 무엇이든 최신식의 것은 일본뿐이라는 의미이다. 홍콩 빅토리아 피크의 케이블은 구태의연하지만 고베나 닛코(日光)의 케이블카를 보고 놀랐다고 한다. 네덜란드령 인도 정부는 원주민을 네덜란드 본국에 유학시키고, 또한 본국 대도시의 과학적 진보를 과시하여 위압과 회유에 힘써 일본의 경이로운 발달에 대해 가능한 한 눈을 가리도록 신경을 쓰고 있다. 때문

에 일본에 오는 자는 엄중하게 취조를 하여 쉽게 여권을 부과해 주지
않는다. 자와 부근에서는 일본 기선이 입항하면 반드시 비행기가 데
리러 오지만, 이것은 환영의 의미가 아니라 오히려 시위적인 행동이
기 때문에 몹시 딱하다.

요약하자면 우리 나라 일본의 최근 진보에 대해 남양 일대의 각국
식민지가 비상한 위협을 느끼고 있는 것은 숨길 수 없는 사실이다.
최근의 영국이나 네덜란드 청년은 옛날과 같은 해외 웅비(雄飛)의 지
조가 부족하고 따뜻한 옷을 입고 포식하며 그들의 선배가 300년 해외
에 장도(壯圖)를 기획하여 오늘날의 영토를 획득한 여세로 겨우 이들
광대한 식민지 통치를 하고 있는 것에 지나지 않는다.

영국은 이미 노쇠한 경지로 각 식민지가 독립하여 인도의 장래도
위기에 다다르고 있다는 것은 모든 세상 사람들이 알고 있는 것이다.
해협식민지조차 오늘날은 본국 정부와 총독이 말하는 대로 되고 있지
않다. 조호르 왕국도 그렇고 케다(Kedah)국도 그렇고 시암과 같은 곳
도 종래 영국에서는 자신의 세력 범위라고 생각하고 있었지만 오늘날
은 이미 영국의 의향대로는 움직이지 않게 되었다. 그 일례는 국제연
맹회의에서 우리 나라를 동정하는 태도에서도 볼 수 있다. 최근 시암
에서 일어난 내란은 친영파의 계략이었으나 이것도 무사히 수습되어
제1회 황국 의회가 개최되었다. 보아하니 동남양에서의 대영제국의
세력은 벌써 오후 3시를 가리키고 있다. 옛날 네덜란드 배는 4월 무
역풍을 타고 자와에서 나가사키(長崎)로 내항하고, 9월에는 또 무역
풍을 타고 자와로 돌아갔다. 네덜란드만은 영토적 야심이 없어 도쿠
가와(德川) 막부도 특별히 통상을 허락하고 있었는데 우리 나라에 도

래한 네덜란드 배야말로 유순하였다고는 하나, 남양 방면에서는 극단으로 배일(排日) 하였던 것 같다. 시암에서 이름을 날린 야마다 나가마사(山田長政)[20]와 그 외의 일본인에 직·간접적으로 박해를 가한 것도 네덜란드였고 술라웨시와 수마트라, 보르네오 지방에서 자주 왜구와 싸운 것도 네덜란드였다. 그들이 일본 배와 싸워 동포를 전멸시킨 유적이 오늘날 순다(Sunda) 해협 부근에서 발견된 것을 생각해 보아도 봉건시대의 우리 민족이 해외 발전으로 꽤 맹위를 떨쳤다는 것이 상상된다. 네덜란드와 대영제국까지 이제 우리 일본의 유령에 겁을 먹고 있으니 우습다.

여기서 잊어버려서는 안 되는 것은 재외 일본인이 유일하게 고민하는 제1세의 교육 문제이다. 이 결함 때문에 아무튼 사업을 중단하고 귀국하는 자가 있고, 그게 아니더라도 교육을 위해 모친만 자식을 데리고 귀국한 결과 가정 파괴의 원인이 되어 우리 해외 발전의 기세를 꺾는 일이 얼마나 있었는지 모른다. 말할 것도 없이 혼혈아 등은 본토에서 매우 모멸을 당하기 때문에 그들 중에는 내지인에게 강한 반감을 품고 돌아가는 이도 있다고 한다. 이것은 우리 국민의 해외 발전 진행 중에 방해가 되는 중대한 문제이다. 나는 우리 나라 온 국민의 식자들이 하루라도 빨리 이 문제의 해결책을 정하여 재외동포로 하여금 안심하고 그 일에 매진하게 하기를 희망해 마지않는다.

----

20 야마다 나가마사(山田長政, 1590~1630)는 에도시대(江戶時代, 1603~1868) 전기 시암(현재의 태국)의 일본인 마을을 중심으로 남방 아시아에서 활약한 인물이다.

8. 해외동포의 내지관

조국의 그리움, 국기의 고마움, 이는 한번 바다를 건너 이향 땅을
밟은 자만이 아는 귀중한 체험이다. 때문에 해외 동포의 내지 정세에
대한 관심은 내지인에 비해 결코 뒤지는 것이 아니다. 그들의 의견
중에는 종종 경청할 만한 것도 있고, 특히 정치 문제는 그 핵심을
찌르는 것이 있다.

이번 여행 중, 나는 여기저기서 질문을 많이 접하였는데 특히 내가
동감할 수 없었던 것은 정계의 최근 정세였다. 그들은 말한다.

"신문을 통해 보면 우리 나라의 정치가는 최근 너무 내쟁(內爭)에만
빠져 있다고 밖에 생각되지 않는다. 멀리 떨어져 모국을 보고 있으면
내지 문제에 관해서 그 시비선악은 잘 모르지만, 외교와 국방만은
정치가는 물론 국민 전체가 일치하여 외국에 대항하기 바란다. 해외
에 있는 우리들에게는 일장기만이 유일한 힘이다. 국가가 있어야 민
족이 발전하고 우리들이 든든하게 활동할 수 있다. 그럼에도 불구하
고 오늘과 같이 비상시에 처한 때 형제간에 싸우고 있어서는 외부로
부터의 모욕을 피할 수 없다. 정당은 지금 좀 반성하여 본연의 사명으
로 돌아가야 한다.

최근에는 군부의 힘이 너무 강해져 일본의 정치는 전부 군부에 끌
려가고 있는 것이 아닐까. 안팎으로 바쁜 가을, 정치가는 정치가로서
의 의연한 태도를 가지고 분기하여 활동하였으면 한다. 군사는 군부
에 일임하는 것이 당연한 것이지만, 외교와 내정 문제는 정부가 중심
이 되어 해결해야 하는 것이 아닌가."

마침 내가 싱가포르 체재 중의 일이다. 민정당 총재 와카쓰키(若槻) 남작[21]이 런던 회의에서 언급하고 그 신념을 공표하였다는 전보를 보고, 재류민들은 다 같이 쾌재를 부르며 군부의 무거운 중압감 속에서 용감하게 스스로의 믿음을 발표한 남작의 용기 있는 태도를 기리어 칭찬하였다. 그리고 런던 조약에 대한 나의 소견을 비난하는 것이었다.

런던 회의 당시의 국내 정세를 되돌아보면, 세계대전 후 불경기에 고꾸라진 우리 국민은 무엇보다도 먼저 재정의 정리와 국민 부담의 경감을 바라고 있었다. 와카쓰키 전권(全權)은 런던 회의에서 이미 워싱턴 회의에서 결정한 5·5·3의 비율을 수정하여 우리 나라를 위해서 유리한 조건을 획득하였을 뿐만 아니라 국민은 그 결과 4억만 엔의 부담을 경감하게 되었다. 무엇 때문에 논자는 워싱턴 회의에서 그보다도 더욱 불리한 5·5·3의 비율을 결정한 당시의 전권 가토 도모사부로(加藤友三郞)[22] 대장을 공격하지 않는 것인가? 가토 전권은 말할 것도 없이 우리 해군의 대선배이다. 이 대선배가 이 비율로 제국의 국방이 충분하지 않다고 하더라도 우선 안심할 수 있었던 것은 우리 해군 당국이 그만큼 자신이 있었기 때문이다.

이른바 5·5·3의 비율도 당시 회의 벽두에 영국과 미국 양국이 몰

----

21 와카쓰키 레이지로(若槻禮次郞, 1866~1949)는 정치가로 제18, 20대 대정대신, 제41~42대 내무대신, 제25, 28대 내각 총리대신 등을 역임한 인물이다.

22 가토 도모사부로(加藤友三郞, 1861~1923)는 해군 군인이자 정치가이다. 제8대 해군대신, 제21대 내각 총리대신을 역임하였고 1922년 워싱턴 회의에서 일본 수석 전권 위원을 맡았다.

래 밀의 결정을 한 뒤, 개회 직후 휴스(Charles Evans Hughes) 회장이
명령적으로 이를 선언하고, 만장의 박수에 압도되어 일언의 이의를
제기할 새도 없이 승낙을 할 수 밖에 없었다. 결정한 후에 가토 전권
은 고민스러운 마음을 어찌할 방도가 없어 매일 우리 대사관에 와서
위스키를 들이키며 생각에 잠기었다. 당시 미국 주재 대사 시데하라
기주로(幣原喜重郞)[23] 남작은 도쿠가와 이에사토(德川家達)[24]공과 함께
부전권의 지위에 있었는데 가토 전권이 이때 너무 풀이 죽은 모습을
보고 그렇다면 하고 꺼낸 사안이 이른바 태평양 방위 현상 유지라는
것이었다. 그것을 듣고 가토 전권은 탁하고 손뼉을 치며 그것이야말
로 명안이지만 미국 측이 승낙하지 않을 것이라고 걱정하였다. 그런
데 휴스 회장에게 이를 제의하자 그는 의외로 아무렇지도 않게 승낙
을 해버렸다. 가토 전권은 의외의 횡재를 하고 대사관으로 돌아와
시데하라 대사와 함께 그 성공을 축하하였다고 한다. 그런데 그 비율
을 보조 함정에서 더욱더 좋은 조건으로 수정하고 또 장래의 비율
개정에 제국의 주장을 보류해온 와카쓰키 전권의 책임을 운운하는
것이었다. 터무니없는 역적 취급하며 흥분해 이성을 잃는 것이라면,
그들은 먼저 5·5·3비율을 협정한 가토 전권의 죽은 사람을 욕하는
것이 순서가 아닌가?

　　개인적인 의견으로는 워싱턴 회의에서 5·5·3의 비율이 강제적으

----

23 시데하라 기주로(幣原喜重郞, 1872~1951)는 외교관이자 정치가로 제40, 41, 43, 44
　　대 외교대신, 제44대 내각총리대신, 제40대 중의원 회장을 역임한 인물이다.
24 도쿠가와 이에야스(德川家達, 1863~1940)는 도쿠가와 종가의 제16대 당주로, 제4대
　　부터 8대까지 귀족원 의장을 역임하고 워싱턴 회의에서 전권 대사를 맡았던 인물이다.

로 결정된 것도 그 원인을 찾아보면 베르사유 강화 조약에 있다. 이 회의에 파견하는 우리 나라 사절은 가장 유력한 외교가가 아니면 안 되어 거기에는 가토 다카아키(加藤高明)[25]야 말로 가장 적임자라고 하여 언론계는 물론 당시 여론은 모두 가토를 밀었던 것이다. 그럼에도 불구하고 당시 하라(原) 내각은 무슨 장점이 있어서인지 사이온지(西園寺)공[26]을 전권으로 밀어 마키노(牧野)가 부전권이 되었다. 그리고 우리 전권 일행이 이른바 설월화(雪月花)[27] 여행을 하며 유유히 인도양을 우회하여 파리에 도착했을 때, 이미 여러 날의 사전 논의가 거의 끝났을 때였다. 그 때문에 강화 회의에서 우리 나라의 소득은 고작 연 400만 엔 정도의 독일 배상금과 태평양 위 적도 이북에 있는 구 독일령의 위임통치가 주어졌을 뿐으로, 제국 유일의 주장이었던 인종 평등안 조차도 상대해 주지 않고, 게다가 중국 위원에게 호되게 욕을 듣는 추태를 저지른 것이다. 이 퇴영(退嬰) 외교가 워싱턴 회의에서도 화를 불러 5·5·3의 비율이 강제된 것에 더해 중국 문제마저 간섭받고 실컷 망치게 된 것은 애초에 누구의 책임인 것인가.

　나는 남양 위임통치제도를 순유하면서 적도 이남 일시에 이르지 못하는 곳에 있는 나우르(Naoero)라는 세계적으로 훌륭한 인광(燐鑛) 산지가 호주의 위임통치로 되어 있을 뿐만 아니라, 우리 내지 면적의

----

25 가토 다카아키(加藤高明, 1860~1926)는 외교관이자 정치가로 제15, 18, 25, 27대 외무대신, 제24대 내각 총리대신을 역임하였다.

26 사이온지 킨모치(西園寺公望, 1849~1940)는 일본의 공가(公家), 정치가로 1896년 귀족원 의원, 제7, 10대 문부대신(文部大臣), 제12, 14대 내각 총리대신을 역임하였다.

27 눈과 달과 꽃이라는 뜻으로, 사철의 좋은 경치를 이르는 말이다.

반에 달하는 구 독일령 뉴기니, 광대한 비스마르크(Bismarck) 제도가
모두 호주의 위임통치가 된 것을 보고 감개를 금치 못하였다. 이 나우
르섬은 우리 앙가우르(Angaur) 인광보다 한층 더 다산하고 저명한 인
산 광지이고 게다가 마셜 제도 내 잴루잇 제도에 있는 것이 아닌가.
그것이 적도 이남에 있다는 이유로 호주의 위임통치가 된 것이다.
무엇 때문에 당시의 전권이 남태평양에 있는 구 독일령 전부를 우리
의 위임통치로 하는 데에 노력하지 않았던 것인가. 이 대륙, 이 큰
여러 섬 및 나우르 인광섬을 두고 떠난 적도 이북의 섬에는 매우 생산
적 가치가 부족한 쓰레기만이 남아있다. 거듭 유감 천만이나 필경
전권이 그 사람을 얻지 못한 것과 회의에 대한 대비가 부족한 결과로,
당시 내각은 우리 나라에 보상하기 어려운 결과를 가져왔다고 할 수
있다.

나는 질문자에게 대답하며 이상의 설명을 하였으나, 당리당략(黨利
黨略)에 치우쳐 극도로 투쟁심리를 첨예하게 하는 과거 정당의 폐해,
특히 외교와 국방에 관해 한점 사심을 넣지 않았으며, 항상 국가적
견지에 서서 대국적 경지에서 선처해야 할 필요를 뼈아프게 느낀 것
이다.

9. 남양항로의 현재와 장래

해외 발전은 무슨 일이 있어도 교통 기관의 발달에 기대를 걸어야
한다. 최근 남태평양을 종횡하는 선박은 대부분 우리 상선이 차지하

고 있는데 이를 옛날 유럽, 미국 각국의 항선이 마치 자기들 것인
양 대양을 종행하였던 시대와 비교하면 감개무량한 마음이 들지 않을
수 없다. 현재 영국, 프랑스, 네덜란드, 미국 각국의 기선과 어깨를
나란히 하며 남해 교통의 요충에 있는 것은 닛폰(日本)우편선, 오사카
(大阪)상선, 이시하라(石原)기선, 남양 우편선의 각 회사로 그와 함께
우리 남양의 발전도 눈부셔 마침내 오늘의 융성을 불러일으키고 있는
것이다. 지금 남양을 중심으로 한 각국의 항로를 보면 대강 아래와
같다.

(1) 우리 위임통치제도의 교통기관으로는 닛폰우편선회사의 고베(神
戶)를 기점으로하여 모지(門司), 요코하마(橫濱)를 지나 매월 2회
취항하는 후타미(二見), 사이판, 티니언, 로타선을 시작으로 동회
선(東廻線)(요코하마, 사이판, 트루크, 포나페, 코스라에, 잴루
잇), 서회선(西廻線)(요코하마, 사이판, 티니언, 야프, 팔라우, 앙
가우르, 마나도, 다바오), 동서연락선(요코하마, 팔라우, 앙가우
르, 트루크, 포나페, 코스라에, 잴루잇)의 회항로가 있고, 서회선
은 미국령 필리핀 및 네덜란드령 술라웨시와 연락하고 있다.

(2) 고베를 기점으로 네덜란드령 술라웨시의 마카사르에 도착하여
자와의 수라바야, 스마랑, 치르본, 바타비아 각항을 왕복하는 것
으로 남양우편선회사의 기선이 있다. 이것은 주로 네덜란드령 자
와와 우리 나라와의 교통을 맡고 있다.

(3) 이시하라 산업 해운 합자회사의 기선은 마찬가지로 고베를 기점
으로 네덜란드령 술라웨시의 마카사르를 직항하고 자와의 수라
바야, 스마랑, 치르본, 바타비아에 기항하여 싱가포르를 나와 말

레이반도의 바투파핫에 이른다. 복항(復航)은 싱가포르에서 고
베로 기항한다.

(4) 유럽 항로, 뭄바이(孟買)[28] 항로, 남미 항로에 종사하는 니혼 우편
선, 오사카상선의 기선이 싱가포르에 기항한다.

(5) 오사카상선이 지룽(基隆), 홍콩, 사이공(西貢), 방콕에 도착하는
것이 있다.

(6) 닛폰우편선, 오사카상선이 지룽(基隆), 가오슝(高雄)에서 마닐
라, 삼보앙가(Zamboanga), 다바오, 마나도를 경유하여 호주를
왕래한다.

(7) 프랑스 우편선이 싱가포르에서 사이공, 깜라인(Cam Ranh), 하이
퐁(海防), 홍콩, 상해를 지나 고베에 도착하여 왕복하는 것이 있다.

(8) 미국선이 마닐라(Manila), 홍콩, 상해, 요코하마, 샌프란시스코
를 항해하는 것이 있다.

(9) 영국선이 싱가포르, 사라왁(Sarawak), 산다칸(Sandakan) 사이를
항해하는 것이 있다.

(10) 네덜란드 본국에서 자와를 중심으로 외령(外領) 동인도 각지로
의 항로.

(11) 영국에서 호주 각지를 왕복한다.

(12) 자와, 중국 본토, 일본, 중국, 남양 각지를 항해하는 것이 있다.

이외에도 일본, 중국, 남양, 구미를 연락하는 대간선(大幹線), 지방
적인 것과 무수의 항로가 서로 뒤섞여 사통팔달의 장관을 이루고 있

----
28 인도 마하라슈트라주의 주도이다. 1995년에 봄베이에서 뭄바이로 이름을 바꾸었다.

다. 그중에서도 우편선의 남양 항로는 눈부신 발달을 이루어 여행객의 내왕, 통상무역에 막대한 편익을 주고 있는데, 특히 운임이 저렴한 것은 각국 중 일본의 상선에 견줄만한 것이 없다. 네덜란드의 KPM회사 등의 운임은 일본선의 수십 배를 웃도는 고율이어서, 이 점은 경쟁하는데 우리 상선의 큰 강점이 되고 있다. 때문에 남양 지방에서는 여행자도 하주(荷主)도 일본 선박을 이용하는 사람이 많아 KPM회사는 완전히 패배한 형국으로 현재 20여 척의 배가 계선(繫船)할 수밖에 없는 것에서 그 궁상을 알 수 있지 않은가.

남양 무역의 중심지는 오랫동안 싱가포르가 점하고 있으며 지금도 여전히 그 패권을 잃지 않고 있지만, 최근 수라바야의 발전이 두드러져 자와, 보르네오, 술라웨시, 뉴기니(New Guinea) 지방의 무역 중심지인 듯한 형세에 있어, 머지않아 싱가포르를 대신하여 남양에 패권을 장악할 날이 오지 않을까 생각된다. 따라서 우라 남양—우리 위임통치제도와 오모테 남양 각지의 항로 연락을 도모하는 것이 현재 우리 나라의 급무가 아닌가 생각한다. 현재 닛폰우편선의 우라 남양 항로는 그 서회선에서 필리핀의 다바오, 술라웨시의 북단 마나도까지 가고 있으나 오사카상선, 닛폰우편선의 호주 항로는 다바오에서 연락을 취할 뿐이기 때문에 호주에 가거나 마닐라, 홍콩을 지나 내지로 돌아가는 것은 편리하지만 보르네오, 자와, 싱가포르 방면으로 향하는 자는 이 항로를 이용하는 것이 불가능하다. 반드시 술라웨시의 마카사르까지 내려가지 않으면 안 되는데 그간의 항로 즉, 마나도에서 마카사르로는 KPM회사의 항로 외에는 다른 게 없기 때문에 일본인은 큰 불편을 겪는다. 불과 이틀 밤낮 항행 거리 사이에 새로운

항로가 생긴다면 오모테 남양과 우라 남양은 완전히 연결되는 것이
된다. 나는 우리 통신 당국 및 각 상선회사가 이 점을 연구하여 하루
라도 빨리 우리 위임통치군도와 자와의 수라바야를 잇는 새로운 항
로 개설에 진력할 것을 희망해 마지않는다.

남양청에서는 관내 여러 섬 사이의 교통을 편하게 하기 위해 3천
톤급의 새로운 배를 만들고, 올해부터 쾌속선을 취항할 듯하지만 팔
라우, 뉴기니 사이에는 항로가 없기 때문에 이것을 반드시 서회선의
기항지에 추가해 주었으면 한다고 생각한다. 팔라우(남양청 소재지),
마노콰리(뉴기니), 마나도(술라웨시), 다바오(필리핀), 팔라우. 그리고
팔라우, 다바오, 마나도, 마노콰리, 팔라우라는 식으로 팔라우 이남
으로 취항을 번갈아서 하면, 이 방면에서 활동하고 있는 일본인이
얼마나 편익을 얻는지 모른다. 또 장래 발전을 위해서는 급무중의
급무이다.

마지막으로 우리 외무(外務), 척무(拓務) 양 당국에 주의를 환기하
여 또 그 진력을 독촉하고 싶은 것은 전에도 말한 것처럼 네덜란드령
각지를 위협하고 있는 미일전쟁의 하찮은 풍설을 철저하게 부정하는
것과, 네덜란드령 동인도의 외령(外領) 그중에서도 우리 위임통치제
도에 가장 근접하여 있는 뉴기니, 술라웨시 양 섬 및 그 부속 제도에
대한 일본인의 이주 및 기업의 자유를 획득하는 것이다.

현재 네덜란드령 인도 각지에 상륙하기 위해서는 입국세로 150길
더(일본 화폐 약 3백 엔)를 징수당한다. 당연히 이것은 퇴거할 때 반환
되나 노동 이민, 기업 이민으로 입국하는 자에게는 일종의 입국 제한
으로 보이기도 한다. 이는 장래 일본인이 이 지방을 개발할 때, 문화

적 시설을 실시할 때 일대 방해가 되기 때문에, 이번 기회에 외무당국은 성의를 피력하여 우리가 영토적 야심이 없음을 네덜란드령 정부에 철저히 따져 입국세의 철폐, 또는 이를 격감시키기 위해 노력할 필요가 있지 않을까. 척무성(拓務省)에서는 해마다 수백만 엔의 거액의 비용을 투자하여 힘껏 남미 이민을 장려하고 있는데 가까운 남양 각지의 하늘이 준 보고(寶庫)가 거의 손대지 않은 채 가로 놓여있는 것을 잊어버린 것처럼 보이는 것은 무엇 때문인가. 나는 척무 당국이 이 방면에의 이민 진출을 위해 한층 더 노력을 기울이는 것이 목하의 급무일 것이라고 생각한다. 사정이 허락한다면 뉴기니 지방을 매수하던가 또는 조차(租借)하는 것도 하나의 방법이다. 그러기 위해서는 네덜란드령 정부가 재정상 적자에 괴로워하고 있는 지금이 가장 적절하다고도 할 수 있다.

10. 가라, 하늘이 준 발전지

한 마디로 해외 발전이라고 말하는 것만으로는 개념을 파악하기가 어렵다. 이식민(移植民)도 해외 발전이고, 무역도 해외 발전이고, 해외 기업도 해외 투자도 마찬가지로 해외 발전이다. 각각 그 방법이 같지는 않지만 이들 모두를 통해 한 나라의 인적 요소와 재정적 요소를 따로, 또는 협력하여 국외로 나가 일하는 것을 총칭하여 해외 발전이라고 한다. 그리고 저마다 고유의 특성과 내용을 갖는 것은 물론이지만, 동일한 지역에 사람과 재물이 협력할 수 있는 상태가 해외 발전책으로서는 가장 효과적이고 이상적이라는 것은 말할 필요도 없다.

해외 발전은 또한 내지의 인구 문제 해결, 국제 대차(貸借) 개선의 하나의 방법으로도 보인다. 해마다 100만으로 계산되는 우리 나라의 인구 증가가 고작 12만 명의 이식민에 의해 어느 정도 완화될지 확실하지 않다 하더라도 그들이 확실히 자리 잡아 장래에 자손이 번창한다면 송금도 있고 일본 상품에 대한 새로운 수요도 일어나 장기적인 눈으로 볼 때 인구 문제와 국제 대차 개선에 큰 기여를 할 수 있을 것이라 의심하지 않는다. 그러나 해외 발전의 본질은 그런 구구한 공리적 견지에 입각한 것이 아니라 끊임없이 멈추지 않을 우리 국권과 국력이 동서남북으로 자연히 넘쳐흐를 기세로 보는 것이 진짜일 것이다. 이러한 견지에서 현재 우리 나라의 해외 발전지로 노리는 나라들에 대해 그 여러 양상을 한번 보자.

먼저 일의대수(一衣帶水)의 중국이다. 수당(隋唐) 이래 일본과 중국의 관계는 2천 년에 가까운 역사를 가지고 있지만, 현재 재주 중국인은 겨우 5만 여천 명에 지나지 않는다. 물론 이식민지가 아니기 때문에 일본인의 활동은 무역과 투자, 기업에 한정되어 있지만 끊임없이 반복되는 일본 제품 보이콧과 정계 상황의 불안으로 최근 현저하게 발전을 저지받아, 특히 만주사변과 상해 사건은 전 국민에게 깊은 원한을 심었을 것이므로, 외교 공작으로 서서히 회복을 꾀한다 하더라도 일본과 중국의 관계에 급속한 호전은 바랄 수 없다. (만주국에는 일본인이 30만 명이라 일컬어지는 것은 특별 관계에 있다.)

자와는 재류 일본인이 15만 명으로 추산되는데 순전히 돈벌이 이민으로 그것도 현재는 정지 상태이다. 북미 합중국은 자와와 함께 예로부터 일본인의 절호의 이민지로 여겨져, 재류동포 25만 명으로 예전에는 기력 있는 청년이 겨루어 그 땅으로 건너가 일확천금의 꿈을 꾸었으나, 러일전쟁 후 미국의 일본에 대한 호감이 점차 냉각되는 한편, 우리 이민의 기업적 재능은 미국인에게 위협을 느끼게 해 배일운동이 일어나 이민을 제한받아 대미 발전이 저지되어 버렸다. 생사(生絲)의 단골인 미국은 일본 제품의 일등 고객이라는 것에는 현재도 변함이 없으나, 재미 일본인이 점점 멕시코 경계로 압박당하는 경향이 있었을 때 돌발한 것이 만주사변, 상해사건이다. 일본을 침략주의자, 평화의 교란자라고 착각한 것은 비단 스팀슨(Stimson)[29]뿐만이 아니다. 미일감정의 완화를 위해 앞장서 이민 제한 철폐를 설파한 친일 논자가 있다고 하더라도 국민 대다수는 시기와 의심, 나쁜 마음, 냉시의 사이에서 금후 더욱 대미 발전을 기대하는 것은 쉽지 않을 것이라 생각한다.

북미 합중국에 내쫓긴 우리 이식민은 약속의 땅을 남미에서 발견하였다. 브라질의 커피 농장 경영자는 일본인 중 가장 우량 농원 노동자를 찾아서 우리 정부 당국자도 활발히 브라질 이민을 장려했고 지금은 브라질 재류 일본인이 15만 명을 넘는다. 그들은 계약 이민에서 독립농(獨立農), 그리고 각종 기업 형태를 이행하여 그중에는 100만 엔의 부를 축적한 성공자도 있다. 국고는 이를 위해 아낌없이 매년

29 헨리 루이스 스팀슨(Henry Lewis Stimson, 1867~1950)은 미국의 정치가로 1927년부터 1929년까지 미국령 필리핀의 제8대 총독을 지냈으며, 제46대 국무장관, 제45, 54대 육군장관을 지낸 인물이다.

수백만 엔을 투자하여 이민의 장려와 함께 이민회사를 보호하고 인구 문제 완화를 가장 우선시하고 있으나, 회사 중에는 국가의 극진한 보호에 상응하는 당연한 시설을 게을리하고 국가를 제물로 삼는 한편, 이민을 하여 국가로부터 버림을 받은 국민을 울리는 발칙한 사람도 없다고는 할 수 없다.

브라질을 시작으로 북미, 자와의 이식민이 성공하였다고 하지만 2대, 3대를 지난 후에는 어떻게 되는 것일까? 땅은 파도 만리를 사이에 두고 있어 제2대, 제3대는 모국, 모국어를 모르고 모국의 풍속과 습속에 완전히 이방인이 됐을 때에도 그들이 일본인이라는 의식을 계속 지닐 수 있는 것인가. 때문에 나라를 떠나 멀리 만 리 밖에 묘지의 땅을 찾은 그들의 선조는 일본 민족 중 가장 우수 분자이어야 한다. 일본은 매년 많은 국가의 재산을 써서 국민 중 우수 분자와 그 자손을 가문의 이름을 걸고 외국에 진상하는 연유이다. 일단 형편에 따라 그들 2세 이후가 모국에 대해 어떤 입장에 놓여질지 어떻게 그 처신을 할 것인지는 세계대전 때에 2천만 독일계 미국인이 우리들에게 그 산가르침을 남기고 있다. 해외 발전을 설명함에 있어 우리들은 이 한 가지 일을 천 번 만 번 생각해야 한다.

그런데 인적요소와 재적(財的)요소를 동지역에 협력 시켜 이민, 무역, 투자, 기업 모든 방법을 총괄한 가장 효과적이고 이상적인 해외 발전지가 더구나 우리 대만과 매우 가까운 저쪽에 있다. 남양이 바로 그것이다.

남양은 보통은 우라 남양, 오모테 남양이라고 불린다. 이른바 우라 남양은 적도 이북의 태평양에 산재하는 구 독일령의 우리 위임통치

지역이고, 오모테 남양은 미군령 필리핀 군도, 프랑스령 인도차이나, 시암, 영국령 말레이 북 보르네오, 네덜란드령 동인도를 주로 한 면적 381만 평방km, 인구 약 1억을 소유한 지역을 총칭한다. 그중에서도 네덜란드령 인도는 자와를 제외하고 뉴기니는 물론 보르네오도 수마트라도 술라웨시도 전국 대부분이 사람의 그림자가 닿지 않은 원시림으로 뒤덮여 있다 하여도 과언이 아니다. 무풍 지역이기 때문에 농작물에 가장 무서운 풍해 걱정도 없고 닿는 곳마다 각종 열대 지역의 산물이 풍부하고 풍족하다. 자와 개발을 끝낸 네덜란드령 인도 정부는 지금은 수마트라 개발에 전력을 쏟고 있으나, 머지않아 보르네오, 술라웨시, 뉴기니 개발이 진척되면 남양의 부는 세계 경제계에 군림할 커다란 힘이 될 것임에 틀림없다. 육상 재물의 원천이 한없이 많은 만큼 우리들은 더욱 바닷속에 숨겨진 보고가 크다는 것을 잊어서는 안 된다.

위임통치지 개발은 남양청의 시설, 민간 사업가의 활동과 맞물려 순조롭게 실행의 걸음을 옮기고 있다. 통치 20년, 전 군도의 인구 8만 명 중, 3만 명을 일본인이 점하고 있는 것을 보아도 개발 진행의 개요를 상상해 볼 수 있는데, 여기는 경제적 가치보다 국방상에서 본 군사적 가치가 보다 크다고 보는 것이 타당할 것이다.

오모테 남양 각 지방은 어느 곳이나 외국의 영지이기 때문에 위임통치와 같이 자유롭에 이주민과 같은 것을 허락하지 않는다. 그러나 프랑스령 인도차이나의 문호(門戶) 폐쇄주의를 제외하고는 우리 나라 사람을 배척하지 않는다. 특히 네덜란드령 인도는 네덜란드 본국의 전통적 평화주의에서도 오히려 자진해서 외국인의 경제적 활동을 환영한다. 2~3년 전부터 일본 제품이 네덜란드령 인도 각지 시장을 독점하는 기세를 바라보며, 네덜란드 본국도 조금 당황하는 기색이 없는 것도 아니지만 그렇다고 하여 일본인을 네덜란드령 인도에서 내쫓는 그런 일이 만에 하나 있으리라고는 생각하지 않는다. 가장 유쾌한 일은 원주민이 우리들 일본인을 동양의 선배로서 존경하고 많은 친근감을 보이고 있다는 것이다.

그런데 일본인 중에는 남양이 유망하다는 것을 인식하고 있으면서도 열대의 기후, 풍토가 과연 일본인의 활동에 적합한가 아닌가를 걱정하는 이가 없는 것도 아니다. 과연 보르네오와 프랑스령 인도차이나, 시암의 오지는 상당히 덥고 화씨 100도를 넘는 것도 놀라운 일이 아닌데, 그렇다고 하여 남양 전체 어디라도 그렇게 고온의 땅이라고 생각하는 것은 잘못이다. 내가 최근에 실험한 곳을 비추어 보아도 해안 근처 지방 등과 같은 곳에서는 시원한 바람이 항상 불어와 최고 95~96도, 평균 83~84도를 유지하고, 여름에 100도를 넘는 도쿄, 오사카, 나고야 등에 비하면 오히려 참고 견디기 좋은 정도이다. 일본인의 발전지, 활동지로 지목되고 있는 지방에서는 100도를 웃도는 경우는 거의 없다. 필리핀의 바기오(Baguio), 자와의 토사리(Tosari), 가로(ガロー), 수마트라의 브라스타기(Berastagi), 말레이반도의 카메론(Cameron) 고원, 시암의 치앙센(Chiang) 등의 피서지는 연중 봄의 낙원이다. 남양이라고 하면 몹시 심한 더위에 달구어지는 것과 같이 풍토병이 넘쳐나 악성병이 유행하고 맹수와 독사가 횡행하는 곳이라고 생각하는 것은 엉뚱하기 짝이 없다. 시험 삼아 아래의 남양 각지 기후에 관한 통계를 대략 살펴보면, 독자는 상상 이외로 낮은 기온에

놀랄 것이다.

지명	최고	최저	평균	우기	건기	1년의 우량
마닐라	93.3	66.3	79.8	6월~10월	11월~5월	113.3
사이공	95.0	65.0	80.0	4월 중순~ 10월 중순	10월 중순~ 4월 중순	70.9
방콕	95.0	62.0	82.5	4월~10월	11월~3월	55.1
싱가포르	95.0	61.0	61.0	10월~3월	4월~11월	93.8
바티비아	92.0	66.3	66.3	11월~4월	5월~10월	119.2
메단	93.5	76.7	67.7	11월~3월	4월~10월	120.3
반자루만	101.0	71.0	71.0	10월~3월	4월~9월	113.0
산다칸	96.0	67.0	67.0	10월~3월	4월~9월	102.2
사라와크 왕국	91.6	71.2	71.2	12월~2월	3월~11월	160.0

　　다만 풍토병 말라리아만큼은 위태로운데, 설비만 완전하다면 이것
을 피하는 것도 어렵지 않다. 실제로 네덜란드령 제도 30여 곳의 병원
에 가보면, 수용되어 치료를 받는 환자 중 말라리아는 38%로 그 사망
률은 2.5%에 지나지 않는다고 한다. 물론 이 병은 지방에 따라 경중이
다르지만 수도, 도랑이 완성되어 있는 도시 무역항에서는 병에 걸린
사람은 극히 적고 비록 걸렸다고 하더라도 대체로 경미한 열병임에
반해, 악증 말라리아는 임야 개간 노동자를 덮쳐 대개 한번은 누구나
걸리며 따라서 사망률도 높다. 말레이반도 그 외의 고무원 등에서는
고무 나무가 성숙해지기까지 얼마나 많은 희생을 치렀는지 모르는데
해안에 가까운 야자원 등에서는 말라리아의 발생이 전혀 보이지 않
고, 술라웨시, 수마트라와 같이 기후가 쾌적한 제도에서는 이 병에
걸리는 일이 극히 적다. 그 증거로 수백만의 중국인이 남양 각지에서

왕성하게 활동하는 것을 보면 그 정도로 무서운 것이 아닌 것이다.

해외 발전은 제국의 국시(國是)에 입각한 국책으로 북미, 남미, 호주 어디로든 진출을 시도해야 하지만 오늘날처럼 계통, 조직도 없고 대책 없이 외국에 산거하며 입고 먹을 것만 계획하는 것만으로는 몇 년이 지나도 국력 발전에 이바지할 수가 없다. 적어도 정말 국가를 바탕으로 국책에 입각하여 국력의 신장을 도모하기 위해서는 먼저 조직이 있는 원대한 계획을 세우고 그 효과를 훗날 기약하지 않으면 안 된다. 특히 네덜란드 제도는 무인지경, 황무지로 우리 일본인이 서로 이끌고 도항하여 일본 마을을 건설하라는 하늘이 주신 발전지이다. 보르네오, 술라웨시만으로도 100만~300만 명의 이민을 수용하고 해륙 사업에 여유작작한 모습을 보이고 있다. 더구나 뉴기니는 전 섬이 대부분 원시림이라는 것도 나무랄 데 없어, 그 발전은 일본인의 손을 기다릴 수밖에 없는 것이다. 우리들은 천난만장(天難萬障)을 무릅쓰고 이 방면에 우리의 세력을 확립하여야 한다.

한마디로 말하면 남양은 우리들 일본인에게 약속된 절호의 발전지이다.

가라, 하늘이 주신 발전지로!!!

위임통치군도

1. 군도의 개관

우리 남양군도는 적도 이북의 태평양에 산재한 구 독일령 마리아나, 캐롤라인, 마셜의 세 군도의 총칭으로, 동경 130도에서 175도, 북위 0도에서 22도에 이르고, 그 포용하는 해면은 동서 2천700마일, 남북 1천300마일의 광대한 지역에 이른다. 마리아나 군도 중 미국령 괌섬을 제외하면 전 군도 섬의 수는 1천400여 개에 이르는데, 모두 작은 섬이기 때문에 총면적은 140마일에 불과하다.

세 군도 배치 상태를 보면, 마리아나 군도는 오가사와라섬을 따라 북에서 남으로 이어지고, 캐롤라인, 마셜 군도는 적도에 평행하게 동서로 이어져, 마리아나 군도와 거의 반대의 정자형을 이루고 있다.

지질은 야프섬이 고기변질암류인 결정변암류로 이루어진 것을 제외하고, 제도는 주로 화산암 및 산호초로 이루어져 있다. 산호초를 모암으로 하는 것은 석회질로 이루어진 백사(白砂)로, 화산암을 모암으로 한다는 것은 소위 열대자토(熱帶赭土)로, 적갈색이나 갈색의 점토질 토양을 형성한다. 남양군도에는 일반적으로 바닷새가 서식하는

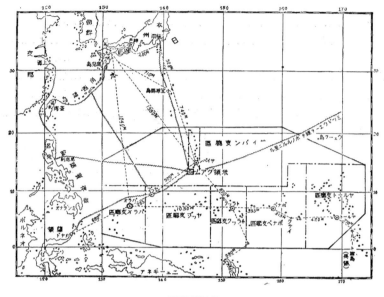

위임통치군도

곳이 많아, 조분인 인광을 산출하는데, 어디서나 인산분을 함유하는 것으로 보아 농산물 및 임목의 성장은 매우 양호하다. 하지만 무엇보다 각 섬의 면접이 좁은데다가 지세도 가파르고 험준해서 큰 하류가 없고, 따라서 충적토가 비옥한 토지는 극히 적다.

마리아나 제도는 우리 남양군도 중 최북부에 위치해, 남북에 이르는 열도로 몇 개의 화산이 있다. 섬은 모두 14개로, 파자로스 활화산섬을 최북단으로 모프(Maug), 아순시온(Asuncion), 아그리한(Agrihan), 파간(Pagan), 알라마간(Alamagan), 구구안(Guguan), 사리간(Sarigan), 아나타한(Anatahan), 메디닐라(Medinilla)의 제도로 그 남단 근처에 지청소재지 사이판섬이 있다. 이 섬은 면적이 약 12방리(方里)[31]로, 20마

야프섬 식민지

사이판 새섬(Bird Island)[30]

일 남서쪽에 티니언섬이 있으며 무인도를 제외하고는 일본 본토에 가장 가까워 모든 섬의 개문으로 교통이 편리하다. 그뿐 아니라 지형도 비교적 평탄하고 지질이 비옥하여 제당업에 적합한 곳으로 매년 이주자가 줄을 잇고 있다. 모든 섬 중 가장 유망한 땅으로 꼽혀 남양코

....

30 이슬레타 마이고 파항(Isleta Maigo Fahang). 흔히 '새섬(Bird Island)'이라고 불린다.
     원서 당시에는 쓰키미지마(月見島)라고 불렸다.
31 사방으로 1리(里)가 되는 넓이. 1方里=약16km².

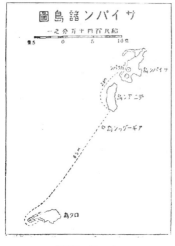

사이판 제도 지도

하쓰주식회사가 왕성히 제당업을 하고 있는 것은 이 사이판섬과 티니언섬이다.

캐롤라인 군도는 동서로 이어지는 군도로 주요섬을 나열하면 팔라우, 야프, 트루크, 포나페의 4개 섬이다. 그중 팔라우는 군도의 가장 서쪽에 위치하고, 남양청 및 팔라우 지청은 그에 딸린 코로르섬에 있다. 멀리 서쪽 미국령 필리핀섬, 남쪽 네덜란드령 뉴기니섬, 남서쪽 네덜란드령 술라웨시를 마주하고 남서쪽 40마일 떨어진 앙가우르는 섬 대부분이 인광으로 덮여 군도 중의 보고로 지목된다. 술라웨시섬의 마나도항, 필리핀의 다바오항에는 남양 정기 항로가 열려 있고, 팔라우는 전 군도의 행정 중추일 뿐 아니라, 경제적으로도 지리상으로도 장래가 가장 유망시 되고 있다. 야프는 미국령 괌, 상해(전후 중단) 및 술라웨시섬의 마나도항을 통하는 3해저 전선의 양륙지로 유명하다. 트루크에는 우리 남양군도방비사령부(南洋群島防備司令部)가 설치되어 있다.

팔라우 본섬의 해변

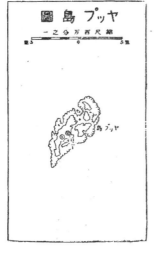

야프섬 지도   팔라우 제도 지도

마셜 군도는 포나페의 정동쪽 약 735마일 지점에 있는 일대 환초군으로, 군도의 대부분을 관할하는 지청은 잴루잇섬에 있다. 온 섬이 온통 산호초로 토지가 낮고 평평하며, 육지의 높이가 해수면상 겨우 5피트[32]가 안 될 정도지만 토질은 야자수의 생육에 적합해 여기저기 수간해(樹幹海)를 압도하며 우뚝 솟아 있고 남양군도의 특산물 코프라의 대부분은 이 섬에서 나온다.

이하에서 군도별, 지청 관구별 면적 및 섬 수와 주요 섬별 면적을 나열하여 일람한다.

----

32 呎. 1피트=30cm.

야프섬의 도로

트루크 제도 지도

트루크의 토노와스섬(Tonowas)[33]

....

33 일본 제국 치하에서는 트루크 제도의 행정 중심지였으며, 나쓰시마(夏島)로 불렸다.

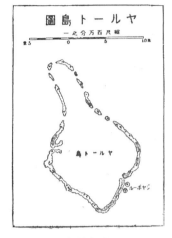
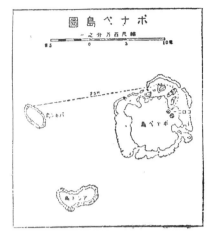

잴루잇섬 지도   포나페섬 지도

포나페섬 쿠사이(Kusai)[34]

....
34 코스라에(Kosrae)를 지칭한다.

잴루잇섬 코프라 제조의 야자 껍질 벗기기

〈군도별〉

군도명	섬 수	면적 (단위 : 方里)
마리아나(미국령 괌 제외)	14	41.43
캐롤라인	549	85.59
마셜	60 (다시 800여 개의 바위섬으로 나뉨.)	12.30
합계	623	139.32

〈지청 관구별〉

지청명	섬 수	면적
사이판	14	41.43
야프	85	14.64
팔라우	109	31.00
트루크	245	8.55
포나페	138	32.65
잴루잇	32	11.05

〈주요 섬별 면적〉

섬 명		면적
마리아나 군도	사이판섬	12.00
서 캐롤라인 군도	티니언섬	6.35
	로타(Rota)섬	8.10
	야프섬	14.00
	팔라우 제도 본섬 (바벨다오브섬, Babeldaob)	24.00
	코로르섬	0.50
	앙가우르섬	0.50
동 캐롤라인 군도	웨노섬(Weno)	1.43
	토노와스섬(Tonowas)	0.58
	톨섬(Tol)	1.51
	포나페섬	24.34
	코스라에섬(Kosrae)	7.50
마셜 군도	잴루잇섬	0.51

2. 역사에 나타난 군도

지금부터 4백여 년 전, 포르투갈(Portugal)인 마젤란(Ferdinand Magellan)이 스페인(España)의 왕 카를(Charles) 5세를 설파하여 당시 인도양의 해양 무역을 독점하고 있던 포르투갈에 대항하기 위해, 원양 탐험 계획에 따라 결연히 브라질로 향한 것은 1519년 8월이었다. 그는 수많은 간난을 헤치고 남미의 극지 마젤란 해협을 거쳐 남태평양으로 나와, 1년 8개월만인 1521년 3월 마침내 괌, 로타 두 섬을 발견할 수 있었다. 그는 또 필리핀 군도로 향해 지금의 세부(Cebu)와

티니언섬 타가(Taga)족 유적

가까운 한 작은 섬에서 불행히도 원주민들 때문에 살해되었으나 그 지휘하에 있던 빅토리아호는 같은 해 12월에 무사히 스페인으로 귀항하여 세계 일주의 장거를 완성했다.

스페인은 그 후로도 계속 탐험선을 동양으로 파견해 지금의 술라웨시, 뉴기니, 필리핀 제도 및 우리 남양의 각지는 차례로 세계에 소개되었다. 즉, 1525년 6월과 1527년 7월 두 차례 남태평양 탐험으로 멕시코에서 괌, 로타, 사이판을 비롯하여 서 캐롤라인 군도의 울리시(Ulithi), 야프 제도를 살피고, 현재의 말루쿠(Maluku) 제도에서 필리핀 군도로 건너갔는데, 마셜 군도는 당시 바로 그들 스페인에 의해 발견된 듯하다. 그 후 스페인은 필리핀 통치에 중점을 두고 이들 군도는 심도있게 조사하지 않았지만 마리아나 군도만은 당시 멕시코에 내왕한 선박이 기항하게 되어, 섬의 상황도 비교적 자세히 알게 되었다. 그래서 현재의 서 캐롤라인 방면의 제도를 팔라우스 혹은 신 서반아로 칭하였는데, 그 후 스페인 카를 2세의 이름을 따서 이 동쪽 일대의 군도를 캐롤라인 제도로 명명한 것이다.

마젤란이 처음 남미를 우회하여 태평양으로 나와, 괌, 로타 두 섬에 도착했을 때 피로가 극에 달한 일행은 양륙휴양을 원하였으나, 섬사람들은 선구를 빼앗고 보트를 훔치는 등 매우 난폭하였으므로

며칠 지나지 않아 출
항해야 했다. 당시 그
들은 분개하여 이 섬
을 랜드런섬(도적섬)이
라고 명명하였다고 하
니 스페인이 이 방면
을 방치해 둔 것도 두
섬 및 현재의 팔라우

아프섬 석화

부근의 섬사람의 난폭성에 의한 것이라고 생각되는데, 어쩌면 작은
섬만으로는 통치의 가치가 없다고 보았기 때문일 수도 있다.

그 후 1668년 3월, 디에고 루이스 데 산비토레스(Diego Luis de
Sanvitores)가 기독교 포교를 위해 괌에 상륙해 사이판, 티니언, 로타
등 부근 섬 주민의 교화에 힘썼으나, 섬사람들은 끊임없이 본래 상태
로 돌아가 1970년 그는 결국 순교자의 한 명이 되었다. 하지만 그
교화의 유덕은 오늘날에도 사라지지 않아 괌, 사이판 사람들은 우리
남양 모든 섬 주민에 비해 문화의 정도가 현저히 발달해 있다. 산비토
레스의 도래 후 30여 년, 당시 반복되던 종교상의 박해와 투쟁, 역병,
대풍해 때문에 번영하던 인구는 급격히 감소했다고 전해지지만, 스
페인과 필리핀 사람 사이의 혼혈아는 지금도 사이판, 괌 제도에 많이
보인다. 스페인은 멕시코와 필리핀 사이를 항해할 때 이 섬을 기항지
도 삼았는데, 1881년에 이르러 폐지되었다.

태평양을 흐르는 쿠로시오(黑潮)는 일본 동북해안에서 멕시코 연안
을 따라, 다시 적도 이북의 해상을 점차 서쪽으로 흐르는데, 이는 지

포나페섬 난 마돌
(Nan Madol) 유적

팔라우 오코롱굴(オコロングル) 수로

금도 예전과 변함없다. 이 조류는 멕시코와 마리아나 제도 및 필리핀
을 연결하는 교통편이 되는 동시에 야프, 팔라우 지방과 필리핀 및
술라웨시 지방과는 이러한 조류의 관계로 예로부터 교통이 끊이지
않았다. 그래서 포르투갈과 스페인이 서로 패권을 다툰 곳은 자연히
말루쿠 제도, 즉 할마헤라(Halmahera) 제도 부근부터 순다(Sunda)해
협에까지 이르렀는데, 1731년 팔라우섬 부근 모그모그(mogmog)섬에
서 스페인 선교사 칸토바(カントヴァ) 일행의 학살사건 이래 스페인인
은 마리아나 군도를 제외한 다른 곳은 내버려 둔 채 돌보지 않았다.
　이보다 앞서 1966년경부터 영국 선박이 태평양에 모습을 나타내,
우리 남양군도의 서 캐롤라인, 비스마르크(Bismarck) 군도 및 호주 동
쪽 해안 지방을 발견하고 차례로, 마셜, 길버트(Gilbert) 군도를 발견,
1783년 동인도회사의 기선 앤터로프(アンテローブ)호가 팔라우섬을
발견하여 점차 이들 군도와의 교섭이 빈번해졌다. 또 이 지방으로
포경선이 출동해 많은 극적인 활동을 남긴다. 그중에서 앤터로프호

팔라우 본섬의 마을

의 기장 윌슨이 코로르섬의 추장을 도와 지금의 팔라우 본섬 멜레케
오크(Melekeok)를 공격한 역사의 한 토막 등은 영원히 영국 원정지를
장식할 것이다.

이렇게 18세기부터 19세기 초에 걸쳐 남양군도의 재발견으로 유
럽인이 이 지방에 도래하여 자유무역을 따르는 경우가 많았으며, 19
세기 중반부터는 과실, 패류, 해산물을 중국 및 구미로 보내 잡화와
교역하였다. 그리고 팔라우, 야프, 포나페 제도 간에는 유럽인이 계
속 왕래하여 물물교환을 하였는데, 팔라우 외딴 섬 사이에선 항상
그들 사이에 분쟁이 거듭됐고 원주민과도 자주 문제를 일으킨 흔적
이 보인다.

제국주의 독일이 태평양 무대에 등장한 것은 이쯤이다. 1869년 우
연히 야프섬의 과세 문제 때문에 스페인과 독일 사이에 분쟁이 일어
나자 결국 로마법왕의 결단으로 캐롤라인 군도는 스페인령으로 확정
되었다. 스페인은 이로써 마리아나 군도와 캐롤라인 군도가 자국령

임을 세계에 확인시켰으나, 동시에 독일은 통상무역의 자유와 거주의 권리를 보류하게 되었다. 마셜 군도는 1781년 영국 선장 마셜에 의해 발견되어 섬 이름도 이에 따라 명명되어 영국의 영유로 되었지만, 1877년 독일은 군함을 이 섬에 파견하여 촌장과 환담을 나누어 결국 마셜섬 부근을 점령하게 되었다. 이어서 1888년 영·독 협상이 성립되어 길버트 제도는 영국으로, 잴루잇섬 및 나우루(Naoero)섬은 독일령으로 결정하여, 여기에 독일의 남양 경제 침략의 초석이 놓였던 것이다.

포나페 도민은 스페인의 통치에 대해 오랜 불만을 품어왔는데, 1887년 천주교 선교사가 부임하자마자 전년부터 미국에서 와 포교를 하던 신교 선교사와 분쟁을 빚었고, 원주민들도 스페인 관헌에 항거하며 일어나 이듬해와 그다음 해까지 3년간 계속해서 교란을 거듭하여 스페인군과 원주민 간에 대쟁투를 개시하기에 이르렀다. 때마침 미국·스페인 전쟁이 일어나 1898년 6월 괌은 미국의 포함(砲艦) 때문에 점령당해 전후에도 그대로 미국의 영유로 돌아갔다. 하지만 이듬해인 1899년 스페인은 괌을 제외하고 마리아나, 캐롤라인 두 군도를 자국 통화 9백 10여만 엔(2천5백만 페세타)에 독일에 양도하여, 독일은 여기에 마셜, 캐롤라인, 마리아나 세 군도를 완전히 영유하여 대반석의 지반을 차지하게 되었다.

이렇게 남양군도가 독일 치하에 있는 15년 후 1914년에 일본 해군이 점령하게 되고, 이어 1922년 4월에 남양청이 설치된 것이다. 우리 영유 이래 20년 동안 스페인 시대 및 독일 시대의 염세 통치로부터 해방된 모든 군도 주민이 얼마나 우리 황도(皇道) 정치하에서 황화를 입는 것을 즐기고 있는지, 또 주민의 진보 향상이 왕년에 비해 하늘과 땅 차이로 심상치 않음은, 여기에서 다시 말할 필요도 없다.

하지만 독일은 세계에서 신예 식민 국가였던 만큼 그 시설 경영은 눈여겨볼 만했다. 영유 2년 후 바로 잴루잇회사를 건설하여 이에 척식 전권을 부여하고 통신 항해를 보호하며, 영국의 동인도회사에 거의 흡사한 조직으로 산업의 기초를 다졌으며 1906년 정부가 그 행정권을 매수하자마자 회사는 전 군도에 걸쳐 영리적 활동을 개시하여, 동으로는 잴루잇섬에서부터 서로는 싱가포르, 홍콩, 남으로는 뉴기니, 호주, 게다가 멀리 아프리카까지 진출하여 활발히 통상무역을 행하고, 잴루잇섬은 코프라의 집산지로서 세계 1위를 차지하게 되었다.

또 뉴기니의 라바울(Rabaul)에 총독부를 두어 유럽과 아시아 연락의 대책을 세웠다. 먼저 터키에서 칭다오(靑島)에 이르는 아득히 먼 교통선과 남양 각 군도를 연결시키기 위해 태평양상의 통신기관 완비를 서둘러 1906년 야프섬을 중심으로 해저 전선을 부설하여, 칭다오, 상해, 괌 및 술라웨시섬의 마나도로 연락하게 했고, 1913년에는 야프섬에 무선 전신을 건설하여 앞으로 대활약을 기대했지만, 마침 세계 전쟁이 촉발되어 그토록 원대한 계획도 밑바닥부터 뒤집히고 말았다. 만약 세계 전쟁이 없었다면 태평양에서 독일의 활약은 괄목할 만한 것이었음이 틀림없다.

독일은 또 학술적 연구를 장려하여 각각 전문가를 파견하여 동·식·광물의 연구에 종사하게 했다. 1908년 독일인광주식회사(獨逸燐鑛株式會社)를 설립한 것도 앙가우르 및 나우루 두 섬에서 인광 조사를 한 결과이다. 나는 작년 가을 남양 순유에 규슈대학(九州大學)의

야프섬 주민 여자들의 토기 제작

가네히라(金平)[35] 박사와 우연히 동행하게 되었는데, 박사는 우리의 남양 점령 당시부터 군도 및 근린 지방에서 식물 연구를 위해 매년 여름 휴가를 이용해 이미 10번이나 출장을 왔다고 한다. 그 박사조차도 "독일 점령 당시와 비교해도 아직 우리의 학술 연구는 철저하지 못하다. 당국에서 더더욱 노력해야 함은 물론 전문학자도 자발적으로 연구해야 한다"고 한탄하였다. 이번 로숍(ロ─ソプ)섬에 천문관측대가 파견된 것은 세계의 학계에 위대한 공적이겠지만 나는 민관이 한결 더 군도에 관한 전문적 연구에 매진하기를 희망한다.

괌 및 사이판의 마리아나 지방은 일찍부터 스페인의 문화에 접촉하고 있는데, 마셜 및 캐롤라인 지방에서는 독일 문화의 영향이 농후하다. 미국 신교의 전도에 이어 스페인의 천주교의 포교가 있었고, 독일 시절에는 신구 양파의 선교자를 파견하여 활발히 포교를 하고 종교 학교를 세워 아동의 교육을 담당하게 하여, 독일어 보급에 전력

....

35 가네히라 료조(金平亮三, 1882~1948). 일본의 식물학자·임학자.

을 기울였다. 요즘 원주민 어른이 독일어를 이해하는 것은 그 결과이며, 각 섬에는 수 곳의 포교소가 지금도 남아있다. 게다가 원주민의 초등학교 아동 중 성적이 좋은 이들을 칭다오에 유학시키는 등 토착민에게 많은 호감을 주어 그 야성을 완화시키는데 큰 효과가 있었다.

3. 위임통치 문제의 귀추

남양군도의 우리 위임통치는 원래 국제연맹회의에서 이를 결정하여, 연맹으로부터 우리 나라에 위임된 것으로 연맹을 탈퇴한 지금 우리 나라는 당연히 이를 국제연맹에 반환해야 한다는 법률적 해석을 하는 일부 외국인이 있다. 하지만 이는 보다 중요한 정치적 의의를 무시한 벽론(僻論)으로 물론 타당한 견해는 아니다. 1933년 마드리드에서 개최된 만국의원회의(萬國議員會議)에서는 일본 의원단으로부터 만약 우리 남양군도 위임통치 문제를 의제로 할 경우 일본은 국제연합(UN)을 걸고서라도 단호히 반대하여 군도 영유를 주장해야 한다는 강경한 의사표시를 했고, 각국 의원들도 이를 꺼렸는지 회의는 이 문제를 거론하지 않고 끝났다. 앞으로 만약 국제연맹에서 이 문제를 꺼내 우리 위임통치의 해소를 책모하는 경우에는 이미 일본 정부의 포고도 있고, 우리 국민의 마음도 뻔한데 그야말로 국제연합을 걸고라도 우리의 정당한 권리를 옹호해야 함은 물론이다.

원래 남양군도가 일본의 영토와 마찬가지로, 그 통치가 천황의 주권에 속하게 된 것은, 결코 국제연합맹으로부터 위임을 받았기 때문

은 아니다. 일본이 태평양에서 적
도 이북에 있는 독일령을 점령하
고 앞으로 이들 군도의 통치를 담
당해야 하는 것은 유럽 대전 중 영
국·미국·프랑스·이탈리아와 일
본 사이에 극비리에 협정이 성립
된 것이며, 베르사유의 강화회의
에서는 공연히 이것을 연맹 규약
상 성문화한 것에 지나지 않는다.
미국은 윌슨 대통령이 육성한 국
제연맹 가입을 거부했지만, 남양
군도에 대한 일본의 권리는 1936

부채파초
(Ravenala madagascariensis)

년 7월 일미조약에서 명백히 계승했다. 곧 남양군도에 대한 우리 통
치상의 주권은 국제연맹회의가 벌어지기 이전에 이미 결정되어 있던
것이다. 지금 일본이 연맹을 탈퇴했다고 해서 이를 국제연맹이 멋대
로 움직일 수 있는 것이 아니다. 만약 당시에 연맹과 연합국이 각자가
보유하던 위임통치권을 변경하려고 했다면 일의 순서로서는 더욱 일
본·영국·미국·프랑스·이탈리아의 5대국 회의를 열어야 하지만 지
금에 와서 그런 것을 말해도 행해지기 어렵다. 하물며 순서가 틀린
국제연합이 우리 위임통치에 관해 이러쿵저러쿵하는 것은 단지 평지
풍파를 일으킬 뿐 국제 정국 상 하등 이득 되는 바는 없는 것이다.
　하지만 형식만은 우리 나라도 국제연맹의 규약에 따라 위임을 받
은 것으로 되어 있음으로, 이미 연맹을 탈퇴한 이상 제국으로서는

연맹 규약의 굴레를 벗어나 독자의 통치 방침을 확립해야 한다. 어떠
한 통치 방침을 수립해야 할지는 앞으로 강구에 기대하며, 여기에서
는 외면적, 형식적인 위임통치의 유래를 한번 보자. 먼저 위임통치라
는 것은 국제연맹규약이 규정하는 바와 관련이 있어 그 위임의 성질
은 피통치 지역의 인민 발달의 정도, 영토의 지리적 위치, 경제 상태
외의 사정에 따라 차이를 둘 필요가 있는 것으로, 이른바 A·B·C 세
가지 방법이 안출되었다. 우리 남양군도는 그 중 C 방식의 위임통치
로 평화조약 제22조에 준거하여 주된 동맹 및 연합국으로부터 위임
받은 것으로 되어 있으며, 위임통치조항은 국제연맹이사회가 결정
한 것이다. 이 문제에 관련있는 국제연맹규약 제22조, 위임통치조항
및 야프 등과 관련된 일미조약을 게재하니 독자의 참고에 도움이 됐
으면 한다.

국제연맹규약 (동맹 및 연합국과 독일과의 평화조약 발췌)

제22조 이번 전쟁의 결과 종전 지배한 국가의 통치를 떠난 식민지
및 영토로 하여 근대 세계의 극심한 생존 경쟁 상태 하에 아직 자립할
수 없는 인민이 거주하는 것에 대해서는 해당 인민의 복지 및 발달을
도모하는 것은 문명의 신성한 사명이며 그 사명 수행의 보장은 이
규약 중에 이를 포용하는 주의를 적용한다.

이 주의를 실현하는 최선의 방법은 해당 인민에 대한 후견 임무를
선진국으로 하여 자원, 경험 또는 지리적 위치에 따라 가장 이 책임을

인수하기에 적합하거나 이를 수락하는 나라가 위임하고, 이로 하여금 연맹을 대신하여 수임국으로서 후견 임무를 수행하는 데에 있다.

위임의 성질에 관해서는 인민 발달의 정도, 영토의 지리적 지위, 경제 상태, 그 밖에 유사한 사정에 따라 차이를 두는 것을 요한다.

종전에 터키제국에 속한 어떤 부족은 독립국으로서 가승인을 받을 수 있는 발달 정도에 이르기도 하였다. 하지만 자립할 수 있는 시기에 이르기까지 시정상 수임국의 부언급 원조를 받는 것으로 한다. 수임국의 선정에 있어서는 주로 해당 부족의 희망을 고려하는 것을 요한다. (A)

다른 인민 특히 중앙아프리카의 인민은 수임국에게 그 지역의 시정 책임을 맡기는 정도이다. 하지만 수임국은 공공질서 및 선량한 풍속에 반하지 않는 한 양심 및 신교의 자유를 허락하고, 노예 매매 또는 화주류의 거래와 같은 폐습을 금지하고, 축성 또는 육해군 근거지의 건설 및 경찰 또는 지역 방위 이외의 목적으로 하는 원주민의 군사교육을 금지할 것을 보장하고, 또한 다른 연합국의 통상무역에 대하여 균등한 기회를 확보하는 것을 요한다. (B)

서남아프리카 및 남태평양 제도와 같은 지역은 인구의 희박, 면적의 협소, 문명의 중심에서 멀거나 수임국 영토와 인접한 점, 그 밖의 사정에 따라 수임국 영토의 구성 부분으로서 그 나라법 아래 시정하는 것을 최선으로 한다. 단 수임국은 토착 인민의 이익을 위해 위의 보장을 하는 것을 요한다. (C)

각 위임의 경우, 수임국은 그 위탁지역에 관한 연보를 연맹이사회에 제출한다.

수임국이 행사하는 권한, 감리 또는 시정 정도에 관하여 미리 연합
국 간에 합의가 없는 때에는 연합이사회는 각 경우에 부속 사항을
명확히 정한다.

수임국의 연보를 수리 심사하고 위임의 실행에 관한 일체의 사항에
대하여 연합이사회에 의견을 진술하기 위해 상설위원회를 설치한다.

위임통치조항 (1921년 4월 29일 외무성 고지 제16호)

제1조 일본국 황제 폐하(이하 수임국이라 칭함)에게 위임을 부여하
는 제도는 태평양 중 적도 이북에 위치한 구 독일령 제도의 전부를
포함한다.

제2조 수임국은 본 위임통치조항에 의거한 지역에 대하여 일본제
국의 구성 부분으로서 시정 및 입법의 전권을 가지도록 하고 상황에
따라 필요한 지방적 변경을 가하여 본 지역에 일본 제국의 법규를
적용하는 것으로 하고 수임국은 본 위임통치조항에 의거한 지역 주민
의 물질적·정신적 행복, 사회적 진보를 극력 증진한다.

제3조 수임국은 노예 매매를 금지하며 필수적인 공공 공사 및 역
무를 위해서 하는 경우를 제외하고는 강제 노동을 허용하지 않을 것
을 감독해야 하며 예외적인 경우에도 상당한 보상을 지불해야 한다.

수임국은 또한 1919년 9월 10일 서명의 무기 거래 단속에 관한 조
약 또는 이를 수정하는 조약에서 규정하는 바와 같은 원칙으로 무기
탄약 거래를 단속하는 것을 주시한다.

토착민에게 화주 및 주정 음료의 공급을 금지해야 한다.

제4조 토착민의 군사 교육은 지역 내 독찰 및 본 지역의 지방적 방위를 위한 경우를 제외하고 이를 금지해야 하며, 본 지역 내에 육해군 근거지 또는 축성을 건설할 수 없다.

제5조 공공질서 또는 선량한 풍속의 유지에 관한 지방적 법규에 위배되지 않는 한 수임국은 본 지역 내에서 양심의 자유와 각종 예배의 자유 집행을 확보하고 연맹국의 국민인 일체의 선교사가 그 직무를 수행하기 위하여 본 지역 내에서 여행하거나 거주하는 것을 허락한다.

제6조 수임국은 국제연맹이사회를 만족시켜야 할 연보를 동 이사회에 제출하여야 하고 해당 연보 중에는 본 지역에 관한 상세한 정보를 기재하고 또한 제2조 및 제5조에 따라 부담해야 할 의무를 실행하기 위하여 취해진 제반 조치를 표시하여야 한다.

제7조 본 위임통치조항의 규정을 변경하기 위해서는 국제연맹이사회의 동의를 구한다.

수임국은 본 위임통치조항의 규정 해석에 관하여 수임국과 다른 연맹국 사이에 분쟁이 발생한 경우에 그 분쟁이 교섭으로 해결할 수 없을 때에는 이를 국제연맹규약 제14조에 규정하는 상설 국제사법재판소에 불탁하여야 함에 동의한다.

본 선언은 국제연맹의 기록에 이를 기탁하기 위해 국제연맹 사무총장은 본서의 인증 등본을 독일과의 평화조약 서명국에 송부해야 한다.

1920년 12월 17일 제네바에서 작성함

야프섬 및 그 외 적도 이북의 태평양 위임통치제도에 관한 일미 조약(1922년 7월 13일 조약 제16호)

제1조 본 조약의 규정을 유보하고 합중국은 일본이나 상기 위임에 의하여 태평양 적도 이북에 위치하는 일체의 구 독일령 제도의 시정을 실시함에 동의한다.

제2조 합중국은 국제연맹의 연맹국이나 다름없으나 동국 및 그 국민은 상기 위임통치조항 제3조, 제4조 및 제5조에서 규정하는 일본의 약속 일체의 이익을 향유하고 체약국은 아래와 같이 약정한다.

    (1) 일본국은 공공의 질서 및 선량한 풍속에 반하지 않는 한 양심의 완전한 자유 및 각종 예배의 자유 집행을 위의 제도에서 확보해야 하며, 모든 종교의 미국인 선교사는 위의 제도로 들어가거나 여행 및 거주하고 섬 내에서 재산을 취득 및 점유하며, 종교적 건물을 건설하고 학교를 개설할 자유를 가질 것이다. 하지만 일본은 공공 질서 및 선정(善政)을 유지하는 데 필요한 감리를 실시하고 감리상 필요한 일체의 조치를 취할 권리를 갖는다.

    (2) 위임통치제도에서 미국의 기득재산권은 존중받아야 할 뿐만 아니라 어떠한 수단으로도 침해될 수 없다.

    (3) 일본국 및 합중국 간의 현존하는 모든 조약은 위임통치제도에 이를 적용한다.

    (4) 일본국은 국제연맹이사회에 제출해야 하는 위임통치에 관한 연보의 복사본을 합중국에 송부해야 한다.

    (5) 본 조약에 기재된 사항은 본 조약에 인용되는 위임통치조항에

추가되어야 할 변경으로 인해 영향을 받지 않을 것이다. 단 변경
에 대해 합중국이 확실히 동의하는 경우는 예외로 한다.

제3조 합중국 및 그 국민은 현존의 「야프」 「괌」 해저 전신선 또는
앞으로 합중국 혹은 그 국민이 부설하거나 운용할 「야프」 섬에 접속하는
해저 전신선의 육양 및 운용에 관한 일체의 사항에 일본국 또는 다른
각국 및 그 각국 국민과 완전히 균등한 입장에서 「야프」 섬에 자유롭게
출입할 수 있으며 전항에서 규정하는 권리 및 특권은 또한 무선 전신에
의한 통신에 관하여 합중국 정부 및 그 국민에게 허락받아야 한다. 단,
일본 정부가 「야프」 섬에 적절한 무선 전신국을 설립·유지하고 차별적
요금을 매기지 않으며, 해저 전신선 및 선박이나 해안에 있는 다른 무선
전신국과의 사이에 유효하게 통신을 접속하는 한 합중국 또는 그 국민
이 이 섬에서 무선 전신국을 설치할 권리 행사는 정지한다.

제4조 제3조에서 규정하는 권리와 관련하여 하기 항의 특수 권리,
특권 및 면제는 전기 통신에 관한 한 합중국 및 그 국민은 「야프」 섬에서
이를 향유하여야 한다.

(1) 합중국 국민은 이 섬에서 무제한의 거주권을 가지도록 하며 합중
국 및 그 국민은 일본 및 그 외 각국의 국민과 완전히 균등한 입장
에서 동산, 부동산 및 이에 관한 이익(토지, 건물, 주거, 사무소,
공장 및 부속물을 포함) 일체를 취득하여 유지할 권리를 부여한다.
(2) 합중국 국민은 제3조의 규정에 따라 이 섬에서 해저 전신선을
양륙 및 운용하고 또는 무선 전신국을 설치하기 위해 또는 본조
및 제3조에 규정된 권리 및 특권을 향유하기 위해 허가 또는 면허
를 받을 의무를 갖는다.

(3) 해저 전신선 또는 무선 전신에 의한 통신 또는 운용에 관한 검사
나 감독을 실시하지 않는다.

(4) 합중국 국민은 그 신체 및 재산에 대하여 이 섬 출입의 완전한
자유를 갖는다.

(5) 해저 전신선 혹은 무선 전신국의 운용에 관한 또는 재정, 사람,
선박에 관한 조세, 항만, 양륙에 관한 과금 또는 어떠한 성질의
취득금도 일체 징수하지 않는다.

(6) 차별적 경찰 규칙은 실시하지 않는다.

(7) 일본국 정부는 합중국 또는 그 국민이 다른 방법으로 이 섬에서의
전기 통신 목적을 위해 필요한 재정 또는 편의를 얻을 수 있는
경우에는 이를 합중국과 그 국민에게 확보하기 위해 공용 징수권
을 행사해야 한다.

징수되어야 할 토지의 위치 및 면적은 각 경우의 수요에 따르며
양국 정부 간에 협정해야 한다. 이 섬에서 전기 통신의 목적에
제공되는 합중국과 국민의 재산 및 편의는 공용 징수를 받을 수
없다.

제5조 본 조약은 조약국에 있어서 그 각자의 헌법에 따라 비준되어
야 하며 본 조약의 비준서는 가능한 한 빨리 워싱턴에서 교환할 것이며
본 조약은 비준서 교환일부터 실시된다.

4. 기상

남양군도는 관내가 모두 열대권 내에 있기 때문에 온대지처럼 4계

절의 구별이 없고 1년 내내 온대 하계 기후에 변함없어 이른바 '상하
(常夏)의 나라'이다. 하지만 모든 섬이 태평양의 외딴 섬으로 면적이
좁고 끊이지 않는 해풍이 섬 위를 휘몰아쳐 완전한 해양성 기상을
드러내나, 밤낮으로 인한 기상 변화도 드물고 기후는 대체로 적순하
다. 게다가 열대 지방 특유의 풍토병 말라리아가 없고, 또 독사, 맹수
등도 서식하지 않아 매우 쾌적한 안주 지역이겠다. 남양청에서는 팔
라우에 기상 관측소를 두어 일반 기상 관측 외에 상층 기류, 지진,
항내 조석 관측 및 지구 자기 관측을 하고 그 부근에 우량 관측소가
4곳이나 있으며, 각 섬에서는 각 지청에서 간이 기상 관측을 하지만
사이판, 포나페섬에 관측소 출장소를 두었다.

　군도 각지가 저위도에 위치하므로 기압은 대체로 일본보다 낮고,
변화의 정도도 적다. 대략적으로 보면, 군도의 거의 중심에 있는 트
루크 및 포나페섬 부근이 비교적 낮고, 캐롤라인 군도 서부, 마리아

나 군도는 2~3월에 높고, 10~12
월에는 낮으며, 캐롤라인 군도 동
부는 5월~9월에 높고, 그 외에는
낮다.

　기온은 전 군도가 대체로 거의
동일하고 1년 내내 변화도 매우 적
다. 하루 중 최고기온은 대체로 섭
씨 29~31도로, 그 이상 올라가는
일은 거의 없으며 일중 온도차도
불과 4~6도 정도이다.

판다누스(Pandanus boninensis) 나무

포나페 도민의 가옥과 가족

습도는 이른바 고온다습으로 연평균 82%로 측정된다. 각 섬이 대체로 동일하고, 캐롤라인 군도 서부가 조금 낮을 뿐이다. 마리아나 군도는 9~10월에 높고 3월에 낮으며, 캐롤라인 군도 서부는 6~7월에 높고 3~4월에 낮다. 캐롤라인 군도 동부는 9~10월에 높으며 1~3월에 낮다. 그리고 연중 변화도 비교적 적으며 최소 60%를 기록하는 경우는 드물다.

풍향 및 풍속은 어쨌든 태평양에 산재하는 군도이므로 풍향이 변함없다고 한마디로 말할 수는 없지만, 섬 전체를 통틀어 매년 11월부터 다음 해 4월경까지는 북동 내지는 동풍이 불고, 풍향이 일정하여 변함없다. 이른바 무역풍이 이것이다. 5~10월까지는 풍향이 정해지지 않고 섬마다 모양이 다르다. 풍속은 마리아나 군도에서 약간 강해 연평균 5미터로 측정되며, 4월 또는 8~9월에 약하고 10월부터 2월 사이에 강하다. 기타 도서에서는 약해서 연평균 2미터이다. 캐롤라인 군도 서부에서는 4월이나 6월 또 9월경에 약하고, 10월부터 이듬해 3월경까지 강하다. 캐롤라인 군도 동부에서는 8~9월에 약하고

1~3월에 강한데, 어느 곳도 폭풍은 극히 드물다.

모든 섬을 통틀어 강우량은 매우 많고, 각지에 다소 차이가 있지만 평균적으로 1년에 3천mm 이상에 달한다. 이를 일본 평균 강우량 1천 700mm와 비교하면 거의 2배가 되고, 포나페섬은 군도 중 강우량이 가장 많아 1년에 4천mm 이상에 달하는 것이 일반적이다. 하지만 강우량 상태는 일본과 달리 장마와 같은 것은 적고 대체로 단시간의 호우이다. 내리는 것도 갑자기, 그치는 것도 갑자기 마치 일본에서의 한여름 소나기 같아서, 이른바 '스콜'이라고 부르는 것으로 열대의 불더위가 이로 인해 얼마나 완화되는지 모른다. 또한 군도에는 건습기의 획연한 구별은 없지만 대체로 매년 7월 내지 9월경을 우기라고 하고 1월 내지 3월경을 건조기라고 보면 된다.

사탕야자

농작물에 있어서 가장 두려운 것은 폭풍이다. 남양군도는 일본이나 대만을 덮치는 태풍의 발생지이지만, 관내에는 기상변화가 적고, 간혹 태풍발생의 변화를 일으키더라도 그 저기압은 유년기에 속하는 것이 많고, 소위 폭풍이 되는 경우는 별로 없다. 하지만 뭐니 뭐니 해도 광대한 구역에 걸친 군도이기에 드물게 폭풍에 휩쓸리는 일이 없다고는 할 수 없다.

그렇게 되면 섬이 작은 만큼 전 섬도 그 침해를 받아, 생기를 잃는 경우도 드물지 않다. 원주민은 이를 구비에 전하여 평상시에도 풍신(風神)을 매우 두려워한다. 1905년 큰 폭풍이 덮쳤을 때에는 군도의 야자가 모조리 쓰러졌고, 1918년 잴루잇섬에 해일을 동반한 폭풍이 있었으며 1920년 2월에는 야프섬에 폭풍이 습격, 1923년 6월에도 재차 폭풍의 피해가 있었다. 또 1925년 12월에는 야프섬에 큰 폭풍우와 함께 해일이 일어, 가옥 및 농작물의 피해가 극심했으며, 1927년에도 팔라우 제도에 태풍이 덮쳐 중심을 통과한 펠렐리우(Peleliu)섬은 인가를 한 채도 남기지 않는 참상을 보이며, 20여 리 떨어진 남양청 소재지 코로르섬도 총 호수의 약 80%가 피해를 받았다.

5. 종족, 풍속, 사회

종족

남양군도에 주거하는 종족은, 인류학상 총칭하여 '미크로네시아'족이라고 불리는데, 본디 일정한 틀이 없이 여러 종족이 혼혈된 것으로 추측된다. 게다가 각 군도의 종족이 다르고, 같은 섬 안에서조차 종족이 다르니 시시각각 언어 풍속을 달리해 섬 전체에서 동일한 풍속, 언어라는 것이 없다. 그 종족은 크게 나눠 '카나카'족 및 '차모로'족의 두 종이다. 전자는 이른바 '미크로네시아'족의 일부이고, 차모로족은 어쩌면 카나카족과 백인과의 혼혈일 수도, 어쩌면 전혀 다른 족일 수도 있다고 하여 정설이 없다.

사이판섬 차모로족 풍속

야프섬 카나카족

차모로족의 본거지는 마리아나 군도를 중심으로 야프, 팔라우에 있으며, 그 외의 섬에서의 집단적 주거는 보이지 않는다. 전 군도에 산재해 있는 것을 통산하더라도 불과 3천400여 명에 지나지 않는데, 그중 가장 다수를 차지하는 사이판섬 거주 동족은, 스페인령 이래 필리핀의 이른바 '타갈로그'족과 스페인 사이의 잡혼에 의해 현저하게 변이되었다고 하며, 이 종족의 특색은 피부가 황갈색이고, 머리색이 검정이다. 대체적으로 차모로족은 온순, 근면하며 용모 풍세도 카나카족보다 뛰어나고 의식주도 비교적 진보해 카나카족과는 매우 다르다. 상류 생활자 등은 서양식의 청초한 주택을 마련하고 항상 양복을 입고 그중에는 피아노 등을 갖추어 관유한 문화적 생활을 향락하는 사람도 있다. 카나타족과의 이러한 차이는, 종족(種族)적 이유 외에 스페인 시절부터의 종교적 감화에 의한 것으로 보인다.

카나카족은 하와이(布哇) 및 태평양 제도에 거주하는 민족의 총칭으로, 남태평양 주민의 대부분은 이 종족에 속한다. 하지만 자세히 비교 연구하면 서부 제도는 말레이족, 동부 제도는 폴리네시아족, 남쪽으로 갈수록 멜라네시아에 속하는 경우가 많다. 세 종족이 다소 차이는 있지만, 대체로 피부는 암갈색 혹은 황갈색으로 머리색은 검고, 콧방울이 넓으며 입이 크고 입술이 두꺼운 것이 특징이다. 이 종족도 대체로 온순하고 쾌활하지만 천혜에 길들여져 일상이 나태하고 노동을 싫어하며 이욕에 집착하지 않아서 그만큼 사물에 대한 집착과 연구심이 결여되어 있으며, 따라서 향상심이 부족하여 아직도 원시적 상태를 벗어나지 못하는 이가 많다. 또한 카나카족은 수적으로 차모로족의 약 40배에 가깝고, 군도 원주민 5만 명 중 약 4만 6천600명은 이 종족이 차지한다.

풍속

전 섬 모두 열대권에 있기 때문에 주민은 의복의 필요를 느끼지 못하여 남자는 알몸, 여자는 허리띠와 비슷한 것으로 허리 부분을 가릴 뿐이었지만 문명인과 접촉한 이래로 점차 의복을 착용하는 습관

사이판섬 카나카의 춤

에 길들여져 지금은 남자는 셔츠, 바지를 입고 그중에는 양복을 착용
하는 자도 있으며, 여자는 서양 부인의 잠옷과 같은 옷을 입는다. 사
이판, 마셜 군도와 같이 가장 빨리 문화에 접촉한 지방은 자연히 빨리
서구화되어 문명인과 다르지 않은 자도 있지만, 야프섬에서는 지금
도 전 섬에서 전라인 자가 많고, 특히 초목의 섬유로 만든 부인 허리
의 도롱이는 독특한 관용을 띠고 있다.

원주민에게 공통되는 신체 장식은 문신이다. 그들은 모양이 복잡
하고 큰 것을 자랑스럽게 여기고 미용 겸 용기를 상징하는 수단으로
여기는 점은 일반의 야만인과 다를 바 없다. 온몸에 갑옷, 갑옷 토시,
경갑을 한 듯 문신을 한 자를 볼 수 있는데, 이는 중고(中古)[36]시대

....

36 일본에서는 '중세'와 같은 의미로, 일본문학사에서는 헤이안시대(平安時代, 794~
1185)를 가리킨다.

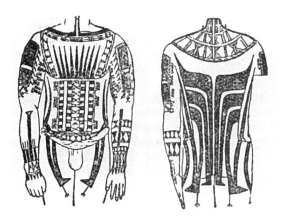

캐롤라인 군도 원주민의 문신

이 땅에 표류한 우리 무사가 갑옷 대신 온몸에 문신을 하고 원주민을
위협한 유풍이 아닌가 싶다. 그중에서도 포나페섬에서 가장 성행하
는데, 여기에는 하세쿠라 로쿠에몬(支倉六右衞門)[37]이 로마에서의 귀
로 중 객사한 땅이라고 전해지는 만큼 한층 이것이 상상된다. 손소롤
(Sonsorol)인, 파이스(Fais)인 등도 같은 모양의 문신을 갖고 있다.

트루크섬에서는 열이(裂耳)법이 행해져 귀고리, 목걸이, 팔찌 등은
남녀 모두 일반적으로 하는 장식이었지만, 지금은 그것도 중년 이상
에서만 하여 청소년 사이에서는 점차 유행하지 않게 된 것은 교육이
보급된 결과이겠다.

전 섬 원주민은 자연에서 나는 과실 등을 주식으로, 때로는 어육,

....

37 하세쿠라 쓰네나가(支倉常長, 1571~1622)는 에도시대 초기의 무사로 게이초(慶長)
유럽파견 사절단을 이끌었으며, 로마에서는 귀족의 예우를 받았다.

빵나무 열매

챌루잇 도민 가옥의 건축 상황

조수육을 이용하고, 그중에서도 비둘기를 소중히 여긴다. 자연에서
나는 과실은 빵나무(Breadfruit) 열매, 타로(Taro) 열매, 마 및 야자 열
매 등으로 보이, 타피오카 등을 부식물로 한다. 그중에 빵나무 열매,
덩이줄기는 생산량이 가장 많고 바나나, 파인애플, 망고, 파파야, 레
몬, 오렌지 등도 도처에서 풍부하게 생산된다. 어류는 종류도 양도
매우 풍부하지만 어로의 방법이 유치 졸렬하기 때문에 잘 수확되지
않는 반면 수육은 소, 돼지, 닭 등이 어디에서나 사육되며 공급도 상
대적으로 윤택하다. 그 외 술, 담배는 원주민이 가장 애호하는 것이
지만 주류는 위임통치 조항의 제한에 따라 의식 혹은 약용 외에 음용
이 허용되지 않는다. 빈랑(Areca catechu)[38]을 씹는 풍속은 야프, 팔라
우 두 섬에서 흔하고, 남녀를 불문하고 소년 소녀들까지에 이른다.

....
38 태평양 연안, 동남아시아, 동아프리카 등 열대 지방 일부에서 자라는 종려나무의 일종
이다. 열매인 빈랑을 약용한다.

주거는 일반적으로 구조가 간단한데, 섬에 따라 건축 재료 또는
양식이 다르다. 제일 먼저 문명에 접한 사이판섬 차모로족은 건축술
이 비교적 발달하여 언뜻 유럽풍과 비슷하나, 야프섬은 머나먼 원시
시대를 떠올리게 하고, 팔라우, 포나베 두 섬은 건축 양식이 진보했
지만 트루크, 잴루잇 두 섬에서는 판잣집에 만족하고 있다. 그리고
전 군도 어디에서도 공동 가옥이 있어, '올 맨 하우스'라 칭해 촌민의
집회소로 사용하고 다른 촌인의 숙박소로도 충당한다. 마을마다 대
개 한두 개가 있고 마을을 합친 하나의 부락에는 또 다른 건물이 있
다. 모두 공동의 힘으로 지어 공동으로 사용하는 것으로 팔라우 및
야프섬에 있는 것이 그중에서도 유명하다. 섬들마다 또 '월경 하우스'
라고 부르는 것이 있다. 여자가 월경 시에 머무르는 건물로 여기에는
남자는 가까이 갈 수 없다.

사회

원주민 사회는 모든 섬에서
우등민 및 보통민의 두 종류로
나뉘어, 그 각각에 또 몇 개의
계급이 있다. 추장은 통합하는
지역의 광협함에 따라 크고 작
은 두 종류가 있으며 임기는 보

팔라우섬 코로르의 아바이(Bai)[39]

....
39 팔라우의 전통적인 마을 집회소.

팔라우섬의 추장

포나페 도민

통 살아있는 동안 지속되며 상속의 법으로 세습도 있고 우등 종족
간 상호 교대의 관습도 있다. 왕년에는 추장 권력을 절대적으로 행사
하며 부락민들에 대해서는 생살여탈권을 행사하였으나, 이제는 총
촌장, 촌장으로서 촌치를 보살펴 징세 및 명령 전달 등을 맡을 뿐이다.

　원주민은 일반적으로 하루살이 생활에 만족하며 저축이나 자손의
계산에는 전혀 무관심하다. 화폐는 현재 자기 나라 화폐가 통용되고
있지만 원주민 중에는 오히려 물물 교환을 편리하게 여기는 자가 적
지 않다. 이따금 화폐를 손에 쥐면 비누, 향수, 담배, 통조림 등 사치

품으로 대체된다. 일용품은 스스로 자급자족하고 남으니 여윳돈이
있으면 사치품으로 향하는 것이다. 물건에 대한 집착심은 별로 없고
유무상통하여 이웃과 나누는 것이 일과였으나 근래에 이르러 야자수
에 대한 소유 관념이 생겨 토지 소유에 대한 관념이 생긴 것이 주목할
만한 변화일 것이다.

6. 호구 및 일본인 직업

1932년 4월 1일 현재의 인구 총 수는 7만 5천900명으로, 도민 5만
45명, 일본인 2만 5천766명, 외국인 98명이다.
  도민 인구 5만 45명 중, 카나카족은 4만 6천558명이고, 차모로족은
3천400명에 불과하다. 그리고 차모로족은 인구 증가율이 높지만, 카
나카족은 전 군도에서 현상 유지에 그치며, 야프 지청 관내의 카나카
족 등은 매년 감소 경향이 보인다. 야프 지청 병원장 후지이(藤井) 박
사의 말에 의하면 그들의 성생활은 대개 유희화되어 있기 때문에 생

남양청 산업 시험장

팔라우항 부두

식능력에 영향을 주
어 인구 감소가 나타
난다는 것이다. 이
미 원인이 명료하기
때문에 앞으로는 적
당한 방법을 강구해
개선해야 한다는 것
이었다.

일본인은 남자 1만 6천3명, 여자 9천763명으로 대부분은 사이판
지청 관내에 거주하고, 농업에 종사하는 사람이 많다. 또한 일본인을
본적지별로 보면 오키나와현이 가장 많고, 도쿄부, 후쿠시마(福島)현
다음으로 조선, 대만에 적을 둔 자도 2백여 명에 달한다.

외국인은 대부분 종교 관계자로, 그 외는 야자 재배, 코프라 판매
등에 종사한다.

재주 일본인을 직업별로 보면, 1932년 4월 1일 조사에 의하면 무직
인 남자가 4천431명, 여자가 6천26명으로 이를 제외하고 농업이 단
연 많아 남자가 5천126명, 여자가 2천463명으로 그 대부분은 사이판
지청 관내에 있다. 다음으로 공업은 남자가 1천615명, 여자가 208명.
그 외 직업이 있는 자는 남자가 1천398명, 여자가 109명. 수산업은
남자가 1천230명, 여자가 82명. 상업은 남자가 916명, 여자가 632명.
공무 자유업은 남자가 609명, 여자가 79명. 교통업은 남자가 403명,
여자가 7명 순으로 나머지는 모두 백 명이 채 안 된다. 그리고 공무원
을 제외하고는 대부분이 사이판 지청 관내의 거주자로 일본인 총 수

2만 5천766명 중, 사이판 지청 관내의 거주인이 1만 9천861명, 즉 약 80%를 차지하고 있는 사실에 비추어 보아도, 사이판에서의 제당업이 남양군도에서 어떤 역할을 하고 있는지 상상된다. 참고를 위해 아래에 상세한 직업별 인구표를 첨부한다.

〈재류 일본인 직업별 인구표〉

직업별	지청별		사이판 지청관내	야프 지청관내	팔라우 지청관내	트루크 지청관내	포나페 지청관내	잴루잇 지청관내	합
농업	일본인	남	4,899	4	124	15	82	2	5,126
		여	2,442	0	20	0	0	0	2,463
	조선인	남	50	0	2	1	1	1	55
		여	12	0	0	0	0	0	12
수산업	일본인	남	266	1	501	243	140	79	1,230
		여	73	0	0	5	4	0	82
	조선인	남	0	0	0	0	0	0	0
		여	0	0	0	0	0	0	0
광업	일본인	남	0	0	9	0	0	0	9
공업	일본인	남	939	27	298	176	118	57	1,615
		여	43	0	43	65	29	28	208
	조선인	남	14	0	3	0	1	0	18
		여	1	0	0	0	0	0	1
상업	일본인	남	524	32	133	75	80	72	916
		여	458	1	93	47	21	12	632
	조선인	남	8	4	0	3	0	0	15
교통업	일본인	남	169	18	133	21	28	34	403
		여	6	0	0	1	0	0	7
	조선인	남	4	0	1	0	1	0	6
공무 자유업	일본인	남	206	35	224	44	70	32	609
		여	41	5	15	5	8	5	79

	조선인	남	0	0	1	0	0	0	1
가사 사용	일본인	남	44	0	28	0	1	2	75
		여	77	1	7	0	2	0	87
	조선인	남	1	0	0	0	0	0	1
그 외	일본인	남	1,163	5	175	3	50	2	1,398
		여	105	0	3	0	1	0	109
	조선인	남	47	0	10	0	1	0	58
무직	일본인	남	3,667	41	365	133	184	41	4,431
		여	4,519	94	810	195	318	90	6,026
	조선인	남	30	0	1	3	0	0	34
		여	51	0	3	3	0	0	57
합계	일본인 합		19,641	262	2,981	1,028	1,137	456	25,505
	조선인 합		218	4	21	10	4	1	258
	합계		19,861	266	3,003	1,038	1,141	457	25,766

7. 행정 및 재정

행정일반

현행 남양청 관제에 의하면, 남양청 장관은 탁무대신의 지휘 감독을 맡아 부내의 정무를 관리하고, 체신(遞信), 대장(大藏), 상공의 사무에 관한 것을 각각 주관대신의 감독을 받게 되어 있다. 팔라우의 지섬 코로르에 남양청을 두고 전 군도를 사이판, 야프, 팔라우, 트루크, 포나페, 잴루잇의 6행정 구역으로 나눠 각지에 지청이 설치되었다. 남양청 장관이 관리하는 모든 관서는 이 외에도 산업시험장, 법원, 의원, 채광소, 우체국, 초등학교, 공립학교, 관측소 등으로, 1932

년 6월 말일 현재 직원 정원은 칙임(勅任)[40] 1명, 주임(奏任)[41] 31명, 판임(判任)[42] 97명, 동대우 66명, 촉탁 34명, 고용인 331명, 합 760명이었다.

각 지청 관내 촌락에는 총 촌장, 구장, 촌장, 부촌장 등 촌사(村史)가 있다. 모두 대 추장이나 추장이 관사의 허가를 거쳐 지청장으로부터 임명되는 것인데, 카나카족의 촌사를 총 촌장 또는 촌장이라 부르고, 차모로족의 촌사를 구장, 부촌장이라고 부르며, 1932년 9월 1일 현재에는 총 촌장 32명, 구장 3명, 촌장 64명, 부촌장 6명, 합 105명이었다.

재정일반

남양군도의 재정 제도는, 1915년 9월 남양군도 민정회계규정을 공포하고 특별회계에 준하여 실시되었으나, 1922년 3월 군정을 철폐하고 남양청 특별회계를 두어 조세 외에 수입 및 일반회계로부터의 보충금으로 제반 세출을 조달할 수 있었다. 일반회계에서의 보충금은 군도내의 산업 발달과 함께 매년 그 금액이 감소해 1933년도부터는 완전히 국고의 지원에서 벗어나 대만과 함께 독립 회계를 이룬 것은 지대한 진보라 할 수 있겠다. 최근의 세입출 예산을 들자면 1933년도

---

40 메이지 헌법 하의 관사 구분으로 고등관의 하나. 주임의 상위에 위치. 천황의 명령으로 임명하였다.
41 메이지 헌법 하의 관사 구분으로 고등관의 하나. 내각의 추천에 의해 천황이 임명하였다.
42 메이지 헌법 하의 관사 하급 관사 등급. 고등관(칙임, 주임) 아래에 위치. 각 행정관청이 임명하였다.

남양청 팔라우 지청

562만 8천918엔, 1934년도 563만 5천675엔이다.

세입은 조세 수입 및 조세 외 수입의 2부로 구성되며, 조세는 인두세, 출항세, 관세 및 광구세의 4종류가 있다. 인두세는 1915년 10월 남양군도민 인두세가 제정되어, 군도 내에 거주하는 16세 이상의 남자에게 부과되는 제도였고, 세율은 연 10엔 이내로 하고 매년 4월 1일 자로 부과 징수하는데, 잴루잇 지청 관내 도민만은 코프라로 대납시켰다. 자산이 있는 도민은 연 40엔까지 세액을 인상시키는 한편, 부담 능력이 없거나 빈약한 자는 납세의무를 면제하는 것으로 했다.

도민 이외의 거주자도 역시 16세 이상의 남자에게 인두세를 부과하고, 그 세액은 연 20엔으로 하며, 현직에 있는 일본 군인, 군무원, 관공사 및 관청 고용원, 포교에 종사하는 선교사는 납세의무를 면제받는 규정이었지만, 1922년 7월과 1931년 1월 2번에 걸친 개정의 결과, 세율을 1등급 50엔에서 11등급 2엔까지로 정하고, 면제 범위는 빈곤해서 납세의 자력이 없는 자, 일시의 목적으로 남양군도에 체재

하는 자, 포교에 종사하는 자, 군도에 와서 산 지 6개월이 지난 자의 4종류로 한정했다. 1931년도 인두세 징수액은 도민 1만 26명에 4만 9천365엔, 비도민 1천493명에 5만 9천75엔, 합계 2만 1천519명에 10만 8천441엔이었다.

관세는 1916년 7월, 남양군도 관세규정을 정해, 군도 수출입 화물에 부과했지만, 외국에서 수입하는 화물에 대해서는 1922년 5월 이후로 관세법 및 관세정률법에 근거한 칙령에 의한 규정을 적용하게 되었다. 개항은 사이판, 팔라우, 앙가우르, 트루크 및 잴루잇의 5항으로, 1931년도의 관세 수입은 1만 8천918엔에 불과했다.

출항세는 1922년 5월에 공포된 남양군도 출항세령에 의해 부과되는 것으로, 남양군도에서 일본, 조선, 대만 또는 사할린으로 반출하는 물품 중, 반출처에서 내국세를 부과받는 물품(골패, 어업 매약(殼藥) 유사품 및 일본, 조선, 대만 또는 사할린에서 내국세 또는 관세를 부과하는 물품 또 이들 지역으로 수입하는 경우에 내국세를 부과하지 않는 물품으로 남양군도에 수입되는 것을 제외함)에는, 내국세 세율과 동일한 세금을 부과하게 되어 있는데, 출항세액에 상응하는 담보(금전, 국채 및 공장, 재단)를 제공하면 6개월 이내로 징수가 유예된다. 1931년도의 출항세 수입은 307만 4천433엔으로 조세 수입 총액의 95%를 차지한다.

광구세는 군도에서 광업인에 대해 그 광구 천 평마다 연 1엔을 부과하는 것으로 1931년도 수입액은 불과 143엔이었다.

조세 외 수입은 관업(官業) 및 관유재산 수입, 인지 수입, 잡수입, 관유물 불하 대금, 보충금(1933년도부터 폐지) 및 전년도 잉여금으로 구성되고, 수입 총액의 대부분을 차지하는 것은 관업 및 관유재산

케이폭 나무 (목면)   망고

수입으로, 이는 우편전신 및 전화 수입, 의원 약값, 입원비, 인광 불하 대금, 전등 대금, 관유재 코프라 및 생나무 불하 대금, 토지 임대료 등이 포함된다.

세출은 경상부, 임시부의 2부로 나뉘어, 경상부에서는 봉급, 사무비, 사업비, 교육비가 총 지출액의 대부분을 차지하고, 임시부에서는 토목비 및 영선(營繕)비, 척식비, 장려 및 보조비가 대부분을 차지하는데, 그중 장려 및 보조비는 1932년도 임시부 세출액의 60%에 달하니 이를 보더라도 남양청 당국이 산업 장려 및 교화 사업 시설에 얼마나 노력하였는지 상상할 수 있다.

8. 경찰 및 위생

경찰

1922년 남양청 관제 시행 이후 점차 경찰 제도의 완비를 기하여 오늘날에는 전 군도에 경찰망이 있어 일본인 거주나 영업에 조금도 불안을 느낄 걱정은 없다.

경찰 단속은 다양한데, 그중 도항 및 거주자, 총포 화약류, 주류, 마약에 관해서는 엄중한 단속 규칙을 제정하여, 총포 화약은 절대 도민이 사용, 소지, 취급을 금지하고, 주류는 약용 혹은 의식용 외에 도민에게는 절대로 음용을 허가하지 않는다. 예기 창부는 전부 허가 주의를 취하여 남편이 있거나 16세 미만인 자는 절대로 종사를 금지하고, 고용주 혹은 포주와의 계약에도 간섭하여 부정을 막고 건강 진단을 강제하는 등 엄중히 단속을 시행한다.

인구가 적고 생활이 안이하며, 주민이 유순하고 순박하여 범죄가 적고 범죄의 정황, 동기도 지극히 단순한 것을 예로 들지만, 생활의 향상, 인지의 진보에 따라 일본인 도민과 함께 매년 범죄가 늘어나는 경향이다. 범죄 중 가장 많은 것은 뭐니 뭐니 해도 주류 단속 규칙 위반으로, 1931년 범죄 총 수의 50%를 차지하

도민 순경

고, 절도가 40%, 살인, 강도, 강간과 같은 강력범은 드물게 있다.

위생

군도는 열대권 내에 있지만 기후는 비교적 양호하고 다른 열대지에서 보이는 악성 질병은 적다. 다만 많은 섬이 산호초로 이루어져 있기 때문에 양호한 음료수를 얻기 어려워 대체로 저류 빗물을 마시거나 강우량이 많고 습도가 높은 것이 병에 걸리는 원인이 되는 경우가 적지 않다. 또 계절풍이 불 때에는 기후의 변화가 많기 때문에 때때로 감기가 유행한다.

향토병으로는 아메바성 이질, 요스, 뎅기열의 3종류를 들 수 있다. 아메바성 이질은 끊임없이 각지에서 발병하고 있으나 증상은 대체로 가볍다. 요스는 도민간에 널리 퍼져 있고, 일본인 중에는 도민과 접할 기회가 많은 자, 특히 유아에게 감염되기 쉬우나 그 수는 많지 않다. '살바르산'주사를 맞으면 치료상 위효를 나타내며 최근 이 요법의 보급으로 현저하게 환자 수가 줄고 증상도 대체로 가벼워졌다. 뎅기열은 가끔 대유행으로 전 인구를 위협하는 경우도 있지만 예후에는 대체로 양호하여 생명에 지장은 없다.

사이판 병원

군도는 아직 콜레라, 페스트, 황열, 수면병 등에 휩쓸린 경험이 없고 전염병은 장티푸스, 파라티푸스, 이질의 몇 종에 불과하다. 말라리아가 군도에 없는 것은 병원체의 매개체인 '학질모기(Anopheles)'가 서식하지 않기 때문인 듯하다.

의료 기관은 1914년 점령 이후 보급과 완비를 갖추어 의원 분원을 두고, 매년 수차례 각지로 순회 진료를 행하고 있다. 무엇보다 개업의는 전 군도에 몇 명 없기 때문에 환자는 대부분 남양청 의원의 신세를 진다고 할 수 있다.

현재 문제가 되는 것은 원주민에 대한 음주 금지 규정이다. 이는 윌슨(Thomas Woodrow Wilson)의 소위 이상적 통치책에 근거한 국제연맹규약에 의한 제한인데, 그 효과가 의심되는 것은 미국의 금주법과 비슷하다. 도민이 얼마나 많은 금령을 어기고 법에 저촉되는 가는 앞서 설명한 바와 같이 주류 단속 규칙 위반이 범죄 총 수의 절반을 차지하는 사실에도 증명되었다. 뿐만 아니라, 금지 이유 중 하나는 음주로 인해 원주민이 그 난폭성을 발휘할 것을 염려한 것인데, 사실 우리 남양군도에서는 그러한 걱정은 없다. 원래 위임통치 구역의 금주는 규약에 명시된 대로 B식 통치법에 의한 것으로 중앙아프리카의 원주민에게는 타당하겠지만, 일본의 본토와 가깝고 경비가 완전한 오늘날의 우리 남양군도를 이와 같은 취급을 하는 것은 인식 부족인 것이다. 하물며 이런 열대 지방에서는 주민은 필연적으로 알코올을 요구한다. 일본인만이 도민의 면전에서 멋대로 음주의 자유를 갖고 그들에게만 절대 금지를 강요하는 것은 통치상 좋지 않은 인상을 줄 수 있다. 이미 국제연맹을 탈퇴한 지금 우리 나라는 도민에 대해 조금 더 관대한 조치를 강구할 필요가 있다.

9. 교육과 종교

교육

스페인 시절에 도민의 교육은 기독교 선교사에게 포교를 겸하여 아이와 여자들이 읽는 법, 쓰는 법 등을 배울 뿐이었다. 독일 시절에도 도민 교육은 대부분 선교사에 맡겨져 읽는 법, 쓰는 법, 산수, 창가를 배울 뿐, 성경책을 교과서로 사용하는 곳도 있었다. 하지만 1914년 우리 군이 군도를 점령한 후 1915년 12월 현재 6개 지청 소재지에 수업 연한 4개년의 초등학교를 설치하고, 1918년 학칙을 개편하여 수업 연한 3년으로 하고 교명을 도민학교로 고쳤다. 1922년 4월 남양청이 설치되며 공립학교 관제가 공포되어 종래의 도민학교를 공립학교로 개칭하고, 도민 아동을 수용하게 되었다. 한편 일본인 아동을 위해서는 초등학교를 수업 연한, 교과 과정 모두 일본의 초등학교와 동일하게 하여 아동 및 졸업자의 타 학교 입학 및 전학도 일본의 초등학교 아동과 동일하게 취급하게 되었다.

야프섬 공립학교

이렇게 초등학교는 처음에 사이판, 팔라우, 트루크의 3곳이었던 것이 지금에는 티니언, 야프, 포나페에도 증설되어 초등학교가 없는 곳에서는 공립학교의 특별수업으로 초등교육을 실시하고 있다. 이들 초등학교는 보통과(尋常科)[43]뿐이지만, 사이판, 티니언, 팔라우에는 고등과도 병설되어 있다. 도민 아동을 위한 공립학교는 전 군도에 23교를 두어 수신(修身), 국어, 산술, 지리, 이과, 그림, 창가, 체조, 수공, 가사(여)를 가르치고, 그중에서 수신, 산술, 특히 국어 학습에 중점을 두었다.

이 외 도민에게 가옥 건축 기술을 가르치기 위한 목공 도제 양성소가 있고 내외의 선교사가 경영하는 종교 학교가 있으며 은사재단장학회, 남양군도교육회가 있어 더불어 군도에서 교육의 진보 개선을 도모하고 있다.

종교

도민에게는 딱히 종교라 할 만한 것이 없다. 예수교가 이 군도에 처음 포교된 것은 1666년 스페인 예수회파의 전도에 기초한다. 그들은 학교를 세우고 농원을 만들어 한때 융성이 극에 달했다고 하며, 도민이 옥수수, 담배, 카카오, 고구마 등을 재배하게 된 것도 그들의 전수 덕이라고 전해진다.

최근 마셜 및 동 캐롤라인 군도에서 가장 유력한 활동을 보인 것은

----

43 일본의 구제학교에서의 초등교육기관의 명칭. 초등학교가 보통초등학교(尋常小學校, 修業年限:4年)와 고등초등학교(高等小學校)의 2단계로 구성된다.

미국 보스턴에 근거를 둔 신교 전도단이다. 1852년 스노우 부부가 코스라에섬을 본거로 하여 열심히 포교에 종사한 이후 그와 그의 추종자는 포교와 함께 도민에게 문자를 배우게 하고, 수공을 가르쳤으며, 의식주부터 생활 전반에 이르는 세세한 부분까지 교화 지도하여 정부 시설이 미치지 못하는 곳을 보완한 그 공적을 무시할 수 없다.

포나베와 트루크섬에서 미국 신교 전도단이 철퇴한 후 독일의 신교 전도단이 이를 계승하여 포나페에 근거를 두고 노력한 외에 가톨릭 교파도 상당한 자력으로 활발히 활동하였는데, 우리 군의 점령후, 독일 선교사는 부득이하게 섬을 나가고, 구교는 스페인 출신의 가톨릭 선교사, 신교는 일본조합교회에 속하는 남양선도단이 활동하게 되었다. 또 1919년에는 진종(眞宗) 대곡파(大谷派)의 승려가 사이판섬에 포교소를 설치하고 1926년에는 팔라우에도 포교소를 건설했다. 천리교(天理敎) 교회도 1929년 이후 팔라우에 건설되었다.

사이판 지청(오른쪽)과 가톨릭 교회(왼쪽)

대왕야자와 부채파초

나는 남양군도의 우리 교육의 현장을 보고 영유한 지 불과 20년 만에, 용케 그 효과를 거둔 것에 대해 국가를 위해 기뻐하면서 이제 한 걸음 더 나아가 남녀 중등교육 시설의 시대가 오고 있지 않나 생각한다.

도민 교육과는 별개로 오래전 이 지역으로 이주한 일본인에게는 중등교육 설비가 없기 때문에 자식을 일본으로 보내야 하는 불편이 생긴다. 현재 남양청에 봉직하는 관사도 자식의 교육을 위해 가족을 일본에 남겨두고 아빠 혼자 임지로 향하는 경우가 많아, 이를 단신생활이라 부르는데 일상에 많은 지장을 초래한다. 그중에는 시골의 옛 저택과 도쿄의 교육 주택, 거기에다 임지의 가정을 부양하는 3중 생활로 고민하는 자도 있다. 이 불편, 불쾌가 자연히 집무상 영향을 미쳐 능력을 저하시키는 일도 없지 않다. 하물며 영주의 목적으로 도항한 생산인에게 그 불편은 보통 일이 아니다.

그래서 사이판, 티니언과 같이 거의 일본인으로 마을을 이루고 있는 곳이나, 팔라우와 같은 중심지에서는 반드시 가까운 장래에 중등 정도의 남녀 교육기관을 설치할 필요가 있다. 그와 함께 간이 보도 기관, 언론 기관을 두어 공민 교육의 보급을 꾀한다면 한층 더 교육의 효과를 얻을 수 있을 거라 생각한다.

10. 산업

1914년 우리 군도 영유 당시, 남진(南進)열에 들떠 기업 투자를 시도

트루크섬 산 과실류

한 것은 거의 예외 없이 실
패로 끝났지만, 1922년 남
양청이 설치된 이후 점차
각종 사업이 융성하고 특
히 사이판, 티니언 두 섬의
제당업은 괄목할 만한 업
적을 이루었다. 그 외 수산
에서는 가다랑어, 참치 어
업, 양식 진주, 농업에서는 사탕수수 등 채소류 재배, 축산의 개선,
임업에서는 야자 재배, 그리고 앙가우르의 인광 등 순조로이 진전의
걸음을 옮기고 있다.

토지

군도의 총면적은 약 140평방리, 즉 약 22만 정보로, 그중 농경에
적합한 땅 혹은 야자 임조지로 약 7만 정보로 추정된다. 그럼에도

기름야자원

불구하고 농경지는 약 1
만 3천300정보, 야자림
은 약 2만 9천600정보로
합계 4만 2천900정보이
므로 나머지 2만 7천 정
보를 앞으로 경제적으로
이용할 수 있는 것이다.
1931년 12월 말 현재 관유

토지 임대 면적을 보면, 택지 83정보, 농경지 1만 6천445정보, 야자림 1천172정보, 잡종지 883정보, 목장 1천9정보로 합계 1만 9천594정보였다.

여기에서 주의할 것은 도민 소유지와 비도민 소유지에 따라 그 취급을 달리하는 일이다. 즉 비도민 소유지는 매매, 증여, 교환 등의 처분은 소유자의 마음이지만, 도민 소유지는 관 이외의 것은 관장의 허가를 받지 않으면 매매, 증여, 담보 계약을 체결할 수 없다. 또 도민과 일본인 혹은 외국인 사이에 토지를 임차하는 경우에도 관청의 허가를 받아 등록을 하지 않으면 무효가 된다.

농업

자연의 천혜가 많고 생활상 노작(勞作)을 필요로 하지 않아 도민의 농업 상태는 거의 원시적인 채로 남아 있다. 현재 방임적으로 식재되고 있는 것은 옥수수, 고구마, 칼라파야자, 참마, 담배, 사탕수수, 명자나무, 파인애플, 바나나, 귤 등으로, 이것들조차 수확량이 적고 품질도 조악하지만, 원래 군도는 햇빛이 강렬하고, 강우량도 상당하여 연중 식물의 생육에 적합하여 합리적으로 이용하면 일본 내의 농경지에 비해 훨씬 우량

야프 본섬의 농산물

한 생산력을 발휘할 것이다.

축산도 사육 관리 방법이 매우 미숙하여 아직 원시적인 상태에서 벗어나지 못했다. 1931년 현재 소 4천39마리, 돼지 1만 1천636마리, 염소 2천875마리, 닭 7만 6천666마리, 오리 2천618마리로 소는 사이판과 티니언섬의 당업 발달과 함께 점점 수요가 늘고 있다. 돼지는 군도에서 많이 사육되어 축산의 으뜸이었으나, 최근 인구의 증가에 따라 육류의 수요는 계속 증가 추세이다.

당업

군도는 사탕수수의 생육에 적합해 재배의 기원도 꽤 오래지만, 일본의 영유 전에는 거의 생식용에 머물러 당업이라고 할 만한 것은 없었다. 특히 사이판, 티니언 두 섬은 기후, 토양 등의 자연적 요소가 사탕수수 재배에 적합하고, 제당상 조건을 구비하고 있기 때문에 점령 후 이 사업에 대한 투자자가 속출하여, 1916년에 재배 면적이 약

티니언섬의 소작 농장

남양흥업주식회사 제당공장

사이판섬 중심가

20정보에 불과하던 것이 점차 증가하여 1931, 32년에는 6천 641정보
에 달해 제당 사업도 1919년 2개 회사가 8개의 공장을 보유했지만,
전후 재계의 변동과 기업형태의 동향은 현 남양흥업주식회사의 출현
을 재촉하여 종전의 니시무라척식(西村拓植), 남양식산(南洋殖産)의
두 회사의 사업을 인수, 통합하여 여기에 큰 기업 조직의 분밀당 제당
공장에 이른 것이다.

　현재의 제당 공장은 사이판, 티니언 두 섬에 있고 사이판의 원료
압착 능력은 1천200영톤(英噸),[44] 티니언도 지금은 비슷한 능력으로
점차 능력을 증가 시켜 2천500영톤으로 올릴 예정이라고 한다.

상공업

　군도 인구의 대다수를 차지하는 도민은 대체로 구매력이 부족하
고, 일본인도 불과 2만 5천 명 내외로 그것도 각 섬에 산재해 있기
때문에 상업은 지금도 미숙한 지경이다. 현재 상당히 활약을 보이고

----

44 영국 톤. 1,016.1kg; 2,240lbs.

야프섬 편물 강습회

있는 것은 오직 남양무역회사뿐이고, 그 외에는 각지에 있는 소수의
잡화상이 낙숫물을 줍는 것에 불과하다.

공업으로는 사이판, 티니언 두 섬에서 제당 공업, 이에 부수되는
주당, 당주 제조 및 소량의 청량 음료 제조를 열거할 수 있을 뿐, 그
외에는 각 섬에서 행해지는 원주민의 수공업 외에 특별할 것이 없다.

이수출 무역의 주요 물품은 인광, 코프라, 설탕, 가쓰오부시, 알코
올로 이것들이 이수출 총액의 약 96%를 차지한다. 이수입 무역은 미
곡 외 음식물, 직물과 직물 제품, 금속 제품, 목제와 목제품이 총액의
60% 이상을 차지하고, 이수출입 모두 거래의 상대는 거의 전부가 일
본 본토이다.

임업

남양군도는 도처에 울창한 삼림이 있어 언뜻 천고의 미림을 연상
시키지만, 실체를 조사해 보면 잡목이 섞여 있는 숲으로 유용 수종이
의외로 적은 데 놀랄 것이다. 이는 각 섬 모두가 협소한 해양섬이라서

큰 삼림을 구성하는 요소를 갖
추지 못한 데다가 도민들에게
애림사상(愛林思想)이 없이 남
벌을 하여 보식 조림을 돌보지
않기 때문이다. 그렇다면 장
차 섬사람들이 유일한 재산으
로 삼을 야자수 외, 용재를 목
적으로 하는 일반 임업은 완전

야자림

히 절망인가하면 그렇지도 않다. 군도는 천혜의 많은 강우량과 습도
를 가지고 있고, 조림 용지로 볼 만한 면적도 적지 않으므로 조림
방법과 수종 선정만 잘 된다면 야자림 경영과 함께 장래가 오히려
매우 유망하다.

수산업

이 군도의 수족은 온대 지방과 전혀 서식 상태가 다른 가다랑어,
참치와 같은 원유성 어류도 연중 서식하고, 그 외에도 각종 어류가
일 년 내내 포획된다. 어류는 매우 종류가 많고, 주된 종을 나열하면
가다랑어, 참치, 전갱이, 고등어, 정어리, 삼치, 꼬치고기, 상어, 모
쟁이, 날치 등 표층어족 외에 암초 사이에는 열대 특산의 색채 선려한
암초 어류가 매우 많고, 이는 주로 도민이 식용으로 취한다. 소라,
진주조개 외 다양한 조개류는 연안 도처에 보이고, 극피류, 갑각류도
많이 서식하며, 또 군도 특산물로는 바다거북, 대모가 있고, 팔라우
에는 듀공, 농어가 산출되며 팔라우, 포나페 근해에서는 양질의 해면

이 산출된다.

1924년 이후 남양청에서는 영속성이 있는 대량 생산적 어업을 지도, 장려한 결과 엔진이 달린 어선으로 조업하는 것이 점차 증가하여 현재는 24척에 달하며 모두 좋은 성적을 거두고 있다. 1931년의 수산 어획물과 수산 제조물을 보면, 어류는 가다랑어, 고등어, 참치, 정어리, 전갱이, 삼치 등으로 78만 7천 엔, 조개류는 소라를 위주로 5만 엔, 바다거북, 대모, 진주 등이 3만 3천 엔이고, 수산 제조물은 바다거북, 가쓰오부시, 시비부시(鮪節),[45] 상어 지느러미 등으로 106만 4천 엔에 달한다. 양식업은 팔라우에 검은나비조개를 모개로 진주 양식이 행해져 우수한 진주를 산출하나 이것은 미키모토(御木本)의 독점 사업이다.

포나페섬의 가쓰오부시 제조

----

45 다랑어로 가쓰오부시처럼 만든 식품이다.

다수의 어민은 우리 오키나와현민으로 사이판, 티니언, 팔라우에서 어업에 종사하고, 그중 팔라우의 말라칼(Malakal)섬에는 오키나와 어민 2백여 명이 여기에 근거지를 두고 가다랑어, 참치잡이에 힘쓰고 있다. 그들이 가장 곤란을 느끼는 것은 사료로, 사료의 보급과 어획물의 냉장 설비만 완성되면 이곳의 어업은 장래가 가장 유망시되고 있어 남양청은 말라칼에 일대 어항을 서두르고 있다.

또한 남양청이 최근에 조사한 군도 어업의 개황 및 장래의 예상을 얻었기 때문에 여기에 이를 채록한다. 어업가의 지침으로서 좋은 참고 자료가 될 것이다.

남양군도의 어업 개황

남양군도에서의 어업은 해상 관계상 다종의 어업 조업에 적합하지 않고 영속적인 대량 생산을 기대할 수 있는 것은 가다랑어, 참치잡이 외에는 없어서 가다랑어, 참치 어업을 군도 어업 개척의 목표로 한다.

그리하여 가다랑어 어업은 현재 야프 지청 관하를 제외하고 각지에서 점차 발전해 어획고가 100만 엔 정도에 달하지만 참치 어업은 거의 미착수 상태로 앞으로의 지도, 장려에 기대할 수밖에 없으나, 가다랑어와 같이 참치도 서식량이 풍부하여 군도 어업의 대종이 될 것이다.

가다랑어 어선, 부시 제조공장 외

(괄호안은 어선의 전수를 나타냄. 1933년 5월15일)

지청별	가다랑어 어업			어업자수
	어선	제조공장	종업원	
사이판	18(18)	11	490	458
야프				6
팔라우	16(16)	10	323	295
트루크	10(15)	7	290	218
포나페	7(8)	6	225	202
잴루잇	1(1)	1	36	72
합	52(58)	34	1,364	1,251

가다랑어 어획고

지청별 연차	사이판	야프	팔라우	트루크	포나페	잴루잇	합
1929년	6,584관 9,876원	238 238	61,041 53,223	57,200 63,320	140 280	0 0	125,203 126,937
1930년	68,801관 56,142원	239 239	41,882 24,460	243,570 243,570	1,700 3,450	0 0	356,192 327,861
1931년	564,258kg 122,022원	442 442	438,118 76,873	1,097,125 234,053	525,239 168,150	81,626 21,767	6,816,808 622,983
1932년	1,309,725kg 317,916원	0 0	1,592,328 127,386	810,263 259,284	534,184 151,320	614,763 88,353	4,861,263 944,259

가쓰오부시 제조고

지청별 연차	사이판	야프	팔라우	트루크	포나페	잴루잇	합
1929년	688관 6,885원	0 0	11,573 73,195	15,555 58,042	0 0	0 0	27,816 138,122
1930년	3,641관 21,425원	0 0	7,641 39,415	63,818 372,911	320 992	0 0	75,420 434,743
1931년	68,044kg 94,237원	0 0	100,008 124,586	548,437 630,444	108,535 130,242	17,181 18,3323	842,210 997,840
1932년	192,171kg 210,072원	0 0	296,075 231,320	261,571 257,304	122,767 131,528	100,290 87,763	992,874 919,987

장래의 예상

가다랑어 어업이 현재 이루어지고 있는 것은 각 지청 주도(교통선 기항지)뿐으로 나머지 많은 섬들은 팔라우 지청 남쪽 섬 손소롤섬 도민이 어업을 하고 있지만 앞으로 어업 근거지(주로 사료에 좌우된다)로 적당한 섬이 많기를 기대한다.

이 섬들은 교통이 불편하고 지리가 불분명하여 조사가 아직 이루어지지 않았기 때문에 오늘날까지 이용되지 못하더라도 근거지로 수십 곳을 선정하여야 한다.

어선 수용력은 각 환경에 따라 다르지만 앞으로 100척 이상의 어선을 배치하여 종래의 어선과 합쳐 150척, 300만 엔의 생산을 손쉽게 얻을 수 있을 것이다.

참치 어업은 전술한 바와 같이 장래의 문제에 속하지만, 그 생식량이 가다랑어를 능가할 것으로 추측되고, 사료는 가다랑어처럼 얻기 곤란하지만 점차 발전을 기대할 수 있다. 다만 어획물의 처리가 가다랑어처럼 간단하지 않고 통조림 공장 설치 혹은 냉장선의 배치 등이 갖추어지지 않으면 이러한 불편이 해결되지 않으므로 이 점을 연구, 조사할 필요가 있다.

이 밖에 상어 어업은 참치 어업과 짝이 되어 상당한 발달이 예상된다. 상어는 지느러미가 중국으로의 주요 수출 수산물일 뿐 아니라 근래에는 그 가죽이 군수품 장신구로서 특별한 용도를 발견하여 지금까지 채산(採算)상 중요시되지 않았던 이 어업도 또한 군도 어업으로서 중요성을 띄게 되었다.

그 외에도 양식 어업으로 진주, 해면, 소라 등의 산액을 합쳐 수산 1천만 엔을 목표로 개척한다.

이상 영유 수산업을 개관하였는데, 외령 근해 진출의 견해에서 이를 볼 때 한층 더 중요성이 있음을 기억하여 가령 팔라우항을 전진 근거지로 고려하면 그 500해리 반경에서는 '뉴기니'섬 북부의 '할마헤라'섬, '민다나오'섬 등을 포함하여 그 외의 제도 근해 조사의 진보와 팔라우항 설비의 완성과 함께 외령 방면에 대한 어업적 진출을 기대한다.

그 외의 외령 근해는 아직 조사가 이루어지지 않았으나 참치, 가다랑어, 상어 어업은 본디 소라, 진주조개 어업 등 유망한 어업의 처녀 어장으로서 그 개발은 오로지 우리 어업인의 진출을 대망(待望)하는 것이므로 팔라우항 건설 및 외령 근해 조사는 위의 견지에서 매우 중요하다.

광업

광업에서 먼저 보아야 할 것은 앙가우르섬의 인광이다. 이 섬은 동서남북이 약 1리인 작은 섬으로 광층은 두께가 3~6m에 이르고, 축적량은 약 230만 톤이라고 하며, 현재 남양청의 경영에 속해 있어 연간 약 6만 톤을 산출한다. 그 밖에 파이스, 펠렐리우, 토비(Tobi) 등의 섬에도 인광이 매장되어 있으나 이는 민간사업으로 그 발굴을 허가하고 있다.

이 외에 남양청에서는 군도의 미숙한 산업을 장려하기 위해 여러 시설을 실시하고 있다. 예를 들어 채소, 커피의 재배 및 축산에 장려금을 주어 개량, 증식을 조장하고 빨래, 이발, 제화, 재봉, 여관업 외 주민의 일상 생활에 밀접한 관계가 있는 영업에는 보조금을 주고, 야자 재배에는 1정보당 새로 심는 경우 20엔 이내, 다시 심을 경우 10엔 이내의 장려금을 지급하며, 수산업에도 각각 보조금이나 장려금 제도가 있다.

11. 발전의 선구자 일본인

옛날 우리 국민이 남해 해상을 활발히 횡행했으리라고는 믿을 수 없지만 지리적 관계에서 보면 때로는 일본인이 이 해상에 돛을 띄웠을 것이라고 생각하는 것이 반드시 황당한 상상은 아니다. 오늘날의 술라웨시의 미나하사주 부근에는 일본인과 닮은 용모의 사람이 많

석화(石貨)

고, 원주민은 왠지 일본인에게 친근한 태도를 보인다. 특히 술라웨시의 마나도가 일본어 미나토(항구)와 닮은 점, 톤다노(주젠지호[46]와 닮은 마나도 부근의 호수와 마을 이름)가 토미타노(富田野)와 상통하는 점, 마나도 부근에 있는 묘석이 전립을 받들어 무장한 형태의 우리 무사의 모습을 닮았다는 점, 묘를 '하카'라고 부르고, 갑옷, 갑옷 토시, 경갑과 유사한 문신의 원주민 등을 종합해 보면, 우리의 선조와 남양과의 관계에 대해 흥미로운 암시를 떠올리게 한다.

중국해나 멀리 말레이반도, 자와 방면에 위세를 떨쳤던 왜구의 발자취는 아마 동태평양까지 미친 듯하고, 매우 희박한 예이긴 하나 그들 몇 명이 바람과 파도 때문에 현재의 우리 위임통치군도 방면으로 표류했을 것이라는 것이 전혀 불가능한 것은 아니다. 하세쿠라 로쿠에몬이 다테후(伊達侯)의 명을 받들어 로마에 파견됐을 때는, 몇 번인가 오늘날의 멕시코 아카풀코(Acapulco) 항에서 필리핀으로 항행한 듯한 흔적이 있고, 사명을 다하고 귀항할 때 행방불명이 되었는데 그중 한 무리가 우리 남양군도 어딘가에 표착하여 여생을 보냈으리라

----

46 中禪寺湖. 도치기(栃木)현 닛코(日光)시 닛코(日光)국립 공원 안에 있는 호수이다.

고도 상상된다. 혹자는 이것이 포나페섬이라고 하지만 믿을 만한 확실한 문헌의 증거는 없다.

역사상 우리 나라와 남양군도와의 교섭은 1884년 7월, 영국의 포경선 에다(エ—ダ)호가 요코하마에 입항하여 마셜 군도 중 라에(Lae)섬에서의 표류 일본인 살인 사건을 알리며 시작되었다. 외무성에서는 고요가카리(御用掛)[47] 고토 다케타로(後藤猛太郎)와 스즈키 쓰네노리(鈴木經勳) 둘을 에다호에 편승 시켜 사건을 조사하기 위해 일행은 9월 1일 요코하마를 떠나 같은 달 23일 마셜 군도에 다다라 사건의 진상을 밝힌 후 추장과 교섭하여 사죄 조건을 결정하여 원주민 둘을 데리고 1995년 1월 요코하마로 돌아왔다. 당시 이미 외국선에 선원으로 일본인이 승선하고 있던 사실로 보아서 이보다 전에 일본인이 남양군도에 왕래하고 있던 것을 알 수 있다.

1884년 우리 군함 류조(龍驤)는 해군병학교 졸업생을 태워 원양 항해 도중, 코스라에섬에 기항하여 원주민의 환영을 받은 적이 있다. 그때 추장은 '우리의 선조는 일본인이다, 우리는 그 자손이다' 라고 친근히 말했다고 한다. '코스라에'는 규슈(九州)의 전음(轉音)이라 하고, 코스라에섬은 포나페 군도에 있다는 점에서 전술의 하세쿠라 로쿠에몬과 관련된 구비가 더욱 진실성을 부여받는다고 생각된다. 이어 1889년 군함 콘고(金剛), 히에이(比叡) 두 척이 남양을 순항하여 그 탐험의 조사 보고에 의해 우리 국민의 주목은 점차 남양으로 쏠리게

----

47 일본의 에도시대 막부 말기 국사를 의의하기 위해 설치된 직책이다.

코스라에섬의 경치

되었다. 같은 해 12월 도쿄부지사 다카사키 고로쿠(高崎五六)는 도쿄부 사족(士族) 수산(授産) 금리용 방법에 관해 다쿠치 우키치(田口卯吉)[48]의 의견을 물어 남양무역사업으로 충당할 계획을 세우고 4만 4천엔의 자금으로 남도상회(南島商會)가 조직되었다. 이 자금으로 90여

....

48 일본의 경제학자, 역사가, 실업가. 중의원 의원도 역임하였다. 1855~1905.

톤의 덴유마루(天祐丸)를 구입
하여 다음 해인 1890년 5월 다
쿠치 우키치와 지난번 도항했
던 스즈키 쓰네노리 외 십수 명
이 승선하여 요코하마를 출발
하여 오가사와라부터 괌, 야프,
팔라우, 포나페 등 제도를 순항
하고 가는 곳마다 물물교환을
하여 같은 해 10월 요코하마로
돌아왔다. 역병, 풍랑과 싸우며

고 다쿠치 우키치

힘겨운 난항을 거듭하였으나, 포나페에 남도상회의 지점을 두어 일
본인 활동에 초석을 두었다. 실제로 남양의 일본인 상점의 시초였다.
당시 점원으로 잔류한 세키네 센타로(關根仙太郎)는 지금도 포나페에
건재하다.

   그 후, 사족 수산금의 처분법에 문제가 생겨 남도상회는 이찌야상
회(一屋商會)로 이름을 바꾸고, 1892년 덴유마루는 다시 남양군도를
순항했지만, 다음 해인 1893년 새롭게 남양무역히오키합자회사(南洋
貿易日置合資會社)가 창립되어 이찌야상회의 사업을 계승하고 1906년
에 이르러 히오키합자회사와 무라야마상회(村山商會)가 합쳐져 현재
의 남양무역회사가 되었다. 이 밖에 가이쓰샤(快通社), 노나카상회(野
中商會), 고신샤(恒信社) 등이 있어 트루크, 포나페에서 무역에 종사했
으나 실적이 좋지 않아 모두 해산하게 되었다. 우리는 소리 높여 남양
발전을 설파함에 있어서도 이들 선구자들의 노력에 대해 만강의 경의

를 표해야 한다. 오늘날 남양에 웅비하여 그 은혜를 입고 있는 자는 오랜 공적을 잊어서는 안 된다.

코스라에 해안

이 선구자들의 명예 있는 역사를 갖는 남양무역회사는 현재 본사를 팔라우섬 코로르에 두고, 자본금 200만 엔으로 국내외 무역의 중추를 담당하는 외에도, 우편선회사 대리점을 겸하고, 토지의 개간, 생산, 교통 등 남양군도의 개발에 전력을 기울이고 있다. 도쿄시 니혼바시구(日本橋區) 나카스(中洲) 지사를 시작으로 네덜란드령 술라웨시섬의 마나도, 사이판, 티니언, 야프, 팔라우, 트루크, 포나페, 마셜 영국령 길버트에 지점이 있고, 네덜란드령 암란(アムラン)에 지사와 척식지를 두고 있다. 현 사장은 오카다 소시로(岡田壯四郎)이고, 각 지점장은 각각 그 지역에서 일대 세력가이자 성공자이기도 하다.

12. 남양코하쓰회사의 사업

1914년 우리 나라가 만주전쟁에 참가해 구 독일령 남양군도를 점
령하자 이 지방은 전쟁 경기로 샘솟던 우리 재계의 좋은 투자 목표가
되어, 먼저 니시무라탁식주식회사(西村拓植株式會社)가 창립된 1916
년부터 사이판의 설탕, 로타·코스라에의 면화, 포나페의 섬유 사업
에 착수했다. 원래 니시무라는 시모노세키(下關)에서 어업을 했고, 남
양으로 간 것도 어장 탐사를 목적으로 한 것인데, 우연히 위의 사업이
유망한 것에 착안해 재빨리 결심했다고 한다. 이때는 유럽대전[49]이
한창때여서 세계의 설탕이 부족하여 유럽은 물론 아프리카조차 사카
린을 대용했을 정도였기 때문에 누구라도 설탕 제조업에 주목하는
것이 이상하지 않다. 대만의 제당업자 등도 잇달아 조사단을 남양에
파견했지만 비관적 보고를 접하고 휴지했음에도 불구하고, 니시무라
는 1917년 2월 사이판에 제당소를 설치해 (정제하지 않은) 누런 설탕의
제조를 계획하고, 야마구치(山口), 나가사키(長崎) 두 현에서 다수의
이민을 사이판섬에 보내 단연 개간의 첫 삽을 뜬 셈이었다.
    그럼에도 불구하고 이민의 대부분은 어부여서 개간 재배 업무에
적합하지 않고, 그 후에 이주시킨 조선인은 동료 싸움으로 나날을
보내며 게다가 니시무라 일행은 제당 사업에 완전 비전문가인 점 등
여러 사정이 악화되어 업적을 올리지 못하고 약 2년 후에는 애석하게

----

49 제1차 세계대전의 별칭이다.

도 300정보의 개간지를 보며 실패의 쓴맛을 맛보았다. 면작 사업의 성적도 거의 비슷해서 결국 조직을 변경하여 자본금 500만 엔(4분의 1 불입)의 주식회사로 했지만 권토중래(捲土重來)를 기약하고, 1919년에 착수한 제2차 제당도 좋지 않은 성적으로 끝나고, 제3차로 착수했을 때의 재계는 반동 때문에 극도의 불황으로 침체된 데다가 경영이 곤란해져 그토록 광명이라 불리던 남양 사업계는 확연히 바뀌어 암담한 운행이 되고 말았다.

이보다 전인 1916년 고 시부사와(澁澤) 자작 가문에 의해 창립된 남양기업조합(南洋企業組合)이 있다. 이 조합의 사업은 오모테 남양인 보르네오섬 센다칸(Sandakan)에서 야자 재배, 필리핀 다바오에서 삼베 재배, 우라 남양인 사이판, 티니언에서 제당에 종사하고, 팔라우에서도 따로 계획을 세웠으나 뜻대로 되지 않고 마침내 명칭도 남양식산주식회사(南洋殖産株式會社)로 바꿔, 주력을 다바오 제마 사업에 쏟았지만 경영을 적절히 못하고 마침내 실패로 끝났다. 하지만 사이판섬에서의 제당 사업의 업적은 니시무라에 비해 다소 월등해 4백정보의 개간지에 이민 약 300명을 받아 간단한 제조법으로 조제 설탕을 산출하고, 티니언에도 모판을 소유하고 있었지만, 사내의 난맥(亂脈)에 더해 1920년의 공황으로 여지없이 그 사업은 무너져 버렸다.

거기에 출현한 것이 마쓰에 하루지(松江春次)이다. 그는 구라마에(藏前)고등 공업학교 출신으로 졸업 후 바로 닛신제당(日新精糖)에 들어갔고 뒤이어 농상무청(農商務省) 실업연수생으로서 미국으로 도항하여 루이지애나 대학 졸업 후 잠시 미국의 제당 회사에 기사로 근무하고 유럽을 견학하고 귀국하였다. 그 후 다시 닛신제당에 들어간

후 더우류제당(斗六製糖)에서 니타카
제당(新高製糖)으로 옮겨 반생을 설탕
밭에 있던 사람이다. 우리 나라의 각
설탕이 그의 연구로 완성된 것은 너무
나도 저명한 공적일 것이다. 이러한
경력을 가진 마쓰에의 당업 경영 모습
이 마아추어인 니시무라척식이나 남
양식산 등과는 전혀 비교가 되지 않지
만 그렇다 하더라도 나란히 잔해를 드
러내고 있는 현상을 본 당시의 재계인

마쓰에 하루지 씨

은 아무도 오늘날 그의 성공을 상상하지 못했을 것이다.

　마쓰에가 남양군도로 당업 조사를 떠난 것은 1921년 2월이었다.
큰 위험과 곤란을 겪고 탐험 조사에 나날을 보내며 다년에 걸친 그의
경험과 형안으로 사이판섬과 티이언섬의 토양, 기후, 우량 관계부터
간지 면적에 이르기까지 두 섬이 제당업에 가장 적합하다는 사실을
간파했다. 그래서 그는 사이판, 티니언, 로타의 세 섬에서 연 140만
톤에 달하는 설탕 제출을 확신하고 돌아와 당시의 동양척식주식회사
총재인 이시즈카 에이조의 알선으로 니시무라척식, 남양식산 그리고
니시무라의 채권자이며 동시에 동양척식의 채권자였던 해외흥업(海
外興業)의 세 회사가 교섭한 결과 새롭게 남양제당기업(南洋製糖企業)
의 내담이 성립되었다. 재조사 후 동양척식이 남양투자를 결정하여
1921년 11월 29일 남양코하쓰주식회사의 창립 단계가 되었다. 거기
에는 계속된 실패에서 곤액(困厄)을 겪던 기업 이민의 구제를 의도한

사이판섬 남양코하쓰 클럽

당시의 데즈카(手塚) 남양 민생부장의 알선도 큰 힘이 되었지만 뭐니 뭐니 해도 이시즈카 총재의 결단과 선견지명에 의한 바가 크다.

그 후 수많은 곤란을 겪고 1922년에는 종래의 이민 외에도 오키나 와현 등에서 2천 명의 이민을 받아 경지에는 소작 제도를 채용하여 새로운 식민정책 하에 착실히 사업을 진행시켜 약 1천 정보에 달하는 사탕수수 농원의 완성을 서둘렀으나 다사다마하고 무서운 비구미의 출현으로 1923, 24년도에 제당은 실패하고 돌아와 한때는 남양당업 의 절망마저 전해졌다. 하지만 재난이 올 때마다 용기가 배가 되는 마쓰에는 이 타격에 굴하지 않고 남양청과 협력하여 해충을 구제하는 한편, 독일에서 제당 기계를 구입해 공장을 세우고 사탕수수 운반을 위해 간이 철도 부설, 발전소 건설을 준공하고 착실히 시가지 건설에 까지 걸음을 옮겼으나 비구마나 쥐가 원인으로 제당이 불량하였고, 1920년 이후의 재계의 불황은 사업을 극도의 부진에 빠뜨려 미래는 점점 암담해질 뿐이었다.

마쓰에가 큰 용기를 발휘한 것은 실로 이때이다. 일대의 결심 하에 농장에 불을 내고 사탕수수를 전부 소각한 후 비구마나 쥐를 전멸시킨 것이다. 그는 이 대영단을 결행하며 사탕수수 우량종을 수입해서 개량을 꾀하고 그 효과가 나타나 점점 서광을 인정하는 참에 내려온 재앙은 1923년 9월 1일의 관동대지진이었

파파야

다. 물론 멀리 떨어진 사이판섬에서는 어떠한 피해도 받지 않았지만 고심한 결과로 이루어진 첫 제당은 도쿄의 창고에서 전부 소실되고 자금 유통이 단절되어 한층 곤란에 빠진 마쓰이는 사재를 털어 겨우 위급함을 견뎠을 정도이다.

그러나 이 무렵, 남양사업에 대해 불길한 비관설이 나돌기 시작했다. 그것은 남양군도의 국방적 가치는 중대하나, 산업적으로는 절망이라는 의론이었다. 하지만 마쓰에는 조금도 이에 개의치 않고 확고한 결심 하에 점점 적극적인 방침을 내세우고 주정 공장, 제빙 공장을 건설했다. 1926년에는 티니언섬의 기타합명회사(喜多合名會社)의 야자 재배 권리를 매수하고 사탕수수 농원으로 변경하여 자와종, 팔라우종으로 성공을 이뤄 가고시마(鹿兒島), 후쿠시마, 야마가타(山形), 이와테(岩手) 등 각 현에서 이민을 초치하여 공장을 건설하고 마침내 정연한 문화 도시를 완성하였다.

사이판섬 축항에서 군함도를 바라보다   코스라에섬 레로항

이렇게 무사한 날 없던 마쓰에의 분투는 마침에 보답 받는 날이
온 것이다. 1932년도의 산당고는 70만 톤, 1933년도는 72만 톤으로
매년 증가를 보였는데, 이 회사는 앞으로 150만 톤을 목표로 전진을
계속하고 있다. 더 나아가 파파야, 어업, 전분 사업으로 발전시키고,
네덜란드령 뉴기니의 면화 재배, 댐머 제조업에까지 손을 뻗고 있다.
이런 성과 중 하나로 들어야 할 것은 남양청 특별 회계의 독립을 이룬
것인데, 우리는 남양에서의 국책 수행에서 앞으로 더욱더 이 회사의
활동을 기대해 마지않는다.

13. 교통, 통신, 금융

도로는 사이판, 티니언, 팔라우 외 각 섬에는 완전한 것이 없고 도민
의 통행을 목적으로 하는 통로가 있는 것에 불과하다. 남양청에서는

남양청 팔라우 우체국 무선주

도내의 개발, 발전에 따라 최대한 교통 운수 기관의 정비를 개선하기 위해 노력하고 있으나 재정 사정상 그 완성은 상당한 시일이 걸린다.

항만 설비는 남양군도의 운수 교통상 가장 긴요하지만 각 항만은 녹초 육지가 사방으로 발달하여 무역항으로서의 필수요건이 부족하기 때문에 상당한 인공 시설을 추가하지 않으면 완전한 양항을 얻을 수 없다. 군도 내 모든 항은 3천 톤급 선박의 출입에는 별로 어려움을 느끼지 않지만 아무래도 착지와 부두의 거리가 멀어서, 불편함이 적지 않다. 그래서 1924년 처음으로 착수한 사이판섬의 항만 조사를 끝내고 1926년부터 총 공사비 105만여 엔으로 공사에 착수해 완공, 현재 2기 공사가 진행 중으로, 준공되면 3천 톤급의 선박이 자유로이 드나들 수 있을 것이다. 팔라우섬 코로르에서는 1927년도부터 4년간의 계속된 사업으로 팔라우 기정 항로 개착 공사에 착수해 1930년에 준공을 고한 바 있다.

철도는 관 소유의 앙가우르섬의 인광 채굴용 철도, 사설로는 사이판과 티니언섬에 사탕수수 운반용 남양코하쓰회사 경영에 관련된 간이 철도가 있을 뿐이다.

해운은 일본과 군도 간, 낙도 간, 환초내가 모두 명령항로(命令航路)[50]로 되어 있다. 일본, 군도 간은 일본유센(日本郵船)을 수명(受命) 회사로 하는 보조 항로로, 서 순환선은 1년에 16회, 동 순환선은 6회, 동서 연락선은 6회, 사이판선은 17회이다. 낙도간 항로는 군도 내를 운행하는 것으로 남양무역회사에 명령해 보조를 주고 있다. 운행 횟수는 마리아나 군도선이 연 17회로 가장 많고 각 선은 연 3~4회이다. 환초 내 각 섬의 교통은 단정이나 카누뿐이라 매우 불편하지만 팔라우 제도에서는 1926년 이후 팔라우 운송조합에, 트루크 제도에서는 1929년 10월 이후 트루크섬의 도이 나오노신(土井直之進)에게 보조금을 주어 정기 운행에 종사시키고 있다.

통신 사업은 우편, 전신 외의 제도를 완비해 거의 불편이 없다. 다만 금융 기관으로서 아직 은행은 물론 전당포조차 없어 우체국이 유일한 상태이지만, 군도 내에서 각종 산업의 발전은 이윽고 금융 기관의 정비를 필요로 할 것이다. 현재 사이판, 티니언 두 섬에서는 저리 자금을 차입해 신용 조합을 설립했다고 한다.

----

50 정부가 보조금을 지급하면서 선박의 운항을 지정하여 명령하는 항로. 선박 업자로서는 채산이 맞지 않는 항로라도 주민의 편의를 위하여 운항할 필요가 있는 항로에 시행되었다.

필리핀 군도

1. 필리핀의 현재 상태

미국의 필리핀 군도에 대한 통치 방침은 다른 남양군도의 그것과는 상당히 취지를 달리하고 있다. 즉, 이 섬의 산업 개발보다 오히려 원주민의 교육을 중요시하여, 영토를 소유한 이래 다수의 교사를 파견하고 많은 경비를 아끼지 않으며 오직 원주민 교육에 힘을 쏟고 있는 것이다. 그것은 필리핀 공립대학을 비롯하여 대학 및 전문학교의 수가 34개교에 달하고 그중에서도 산토마스 대학과 같은 것은 미국의 하버드 대학보다 오랜 역사를 지니고 있다는 사실에서도 명확히 알 수 있을 것이다. 교육 보급의 결과는 필연 이 섬사람들의 각성을 촉구하고 자부심을 도발하여 자칫하면 증장(增長)시키는 경향이 없지 않으나, 일반적으로 이 섬사람들의 애국심이 왕성하다는 점과 지력이 발달해 있다는 점, 남양 제일이라는 점은 뭐니 뭐니 해도 미국인 교육의 보람이다.

이 섬에서 교육이 이루어져 국민적 자각이 강해지고 독립의 요구가 제기됨과 동시에 미국에서도 같은 주장이 일어나 마침내 1916년

이 섬의 자치법(존스법)이 제정되어 외교 및 군비를 제외하고 이 섬은 거의 독립국과 마찬가지였다.

원래 미국은 1898년 미국·스페인 전쟁의 결과 필리핀 제도를 점령한 것인데 처음 미국은 이 군도를 점령할 목적이 없었던 것 같다. 당시 미국 함군 사령관 듀웨이(デューウェー) 장군은 "스페인 함군을 격파시켜라"라는 명령을 받았는데 미국 함군이 마닐라 앞바다의 스페인 함군을 격파하자 점차 이 섬을 점령하려는 생각을 품게 되었던 것 같다. 이전의 아기날도(Emilio Aguinaldo Famy) 장군을 맹주로 하는 이 섬 혁명군은 미군과 협력하여 스페인에 항거한 것인데, 미국의 야심을 알게 되자마자 미군에 반기를 들어 이듬해 1899년에 미군과 혁명군 사이에 전투가 시작되었다. 이리하여 미군은 1902년에 이르러 잠시 루손섬을 평정하였으나, 그 뒤에도 전 군도의 주민들은 미국군에게 쉽게 응하지 않고 도민들의 독립 희망은 점점 더 왕성하였기 때문에 1916년 8월 29일 미국 의회에서 전술한 존스 법안이 통과된 것이다.

존스 법안은 '이 섬에 완전한 정부가 생기는 즉시 그 독립을 허가한다'라는 것으로 미국이 당초부터 영토적 야심이 있어 필리핀을 점령한 것이 아니라는 것을 명백히 기록하고 있다. 따라서 필리핀에 견고하고 완전한 정부가 생기면 이 섬에서 미국의 주권을 철회하고 그 독립을 승인한다는 것이 당시 미국의 여론이었다.

이로 인해 이 섬에서는 혁명적 소요(擾亂)가 진정되었으나, 독립운동은 해마다 맹열하기 그지없었다. 1921년에 이르러 미국에서는 공화당이 정권을 잡으며 민주당이 이 독립 승인주의를 뒤집는 것과 같은 의견이 많아져서 이 섬의 독립은 대단히 위험한 상태가 된 것이다. 그런데 그 뒤 미국 국내의 경제 사정이 크게 도와 '이 섬의 독립을 승인해야 한다'는 여론이 1920년에 이르러 맹렬하게 일어나기 시작했다. 그리하여 상하 양원 모두 대체로 독립을 승인하게 되었으나 그 독립을 해주기까지의 기간이 문제로 남았다. 이는 이 섬에서 미국으로의 수입 제한과 이민 및 귀화권 문제가 골자로 되어 있어 소위 타이딩스 법안(The Tydings-McDuffie Act)이라고 불리고 있다.

이 법안이 1932년 4월 대다수로 하원을 통과하고 같은 해 12월 상원을 통과하였으나, 후버 대통령(Herbert Clark Hoover)은 이를 재가하지 않았다. 그렇지만 이듬해 1933년에 상하 양원은 후버 대통령 거부 부재가를 무효로 하는 결의를 한 것만 보아도 얼마나 미국의 여론이 이 섬의 독립을 승인하는 쪽으로 기울어져 있었는지를 엿볼 수가 있다.

이와 같이 이 섬의 독립 법안은 존스 법안에서 타이딩스 법안이 되어, 같은 해 7월 이 섬의 의회에 제출되었는데 이 섬 주민들은 이에 더욱 불만족하여 그해 10월 결국 이를 부결해 버렸다. 그 이유는 미국이 이 섬으로부터 주권을 철폐하기까지의 기간 내 미국·필리핀 무역 관계의 불공평과 이 섬 내 육해 군비의 존속에 반대라는 것, 미국의 정치적 간섭 범위의 확대와 독립할 때까지의 기간이 너무 길다는 것(11년)이었다. 그래서 이 섬의 케손 상원 회장은 이 섬의 독립 위원과 함께 워싱턴으로 향하여 해당 안의 수정 운동을 하여 결국 해당 안 중 이 섬에서의 미국 육군의 근거지를 철폐하는 것과 해군 근거지에 대해서는 미국 필리핀 정부 간에 협의상 선처를 하게 되었고, 이 수정 의견을 더한 법안은 1934년 19일 하원을, 22일 상원을 대다수로 통과

하여 24일 드디어 루스벨트 대통령(Franklin Delano Roosevelt)이 이에
서명하였다.

이에 대해 이 섬 의원에서는 5월 1일, 즉시 해당 안을 승인하는데
결의하였다. 이리하여 장래 필리핀 공화국의 기초가 확립된 것이다.
이 독립 승인안의 골자는,

> 1) 10년 내지 12년 이내 이 섬의 독립을 허가할 것.
> 2) 이 섬 독립 시에는 미국 육군 근거지를 철폐할 것.
> 3) 해군 근거지는 독립 후도 철폐하지 않을 것.
>   다만, 독립 2년 후에 대통령은 이 섬 정부와 이 문제에 대해 교섭
>   을 개시할 수 있다.

라는 것이다. 그 외 해당 안에 따라 이 섬 헌법의 제정, 이 섬 신정부
의 조직 방법, 군사상의 목적을 위해 토지 및 재산의 처분법, 독립
후 미국 및 열국과의 조약 체결 방법, 독립 후 대미 무역은 타국과
동일, 독립 후 대미 이민 및 귀화권은 타국과 동일(독립에 이르기까지
기간은 제한을 둔다) 등의 규정이 있다.

이 법안의 성립에 이르기까지 미국의 여론 중에는 극동에서 미국
의 제국주의를 철폐하고 일본과 교섭하여 이 섬의 완전한 중립을 이
루어 낼 것, 동양인 배척 제법안을 반드시 폐지할 것이라는 것도 있어
타이딩스 법안 중 육해군 근거지 문제에 대해 미국 정부는 크게 양보
하여 상원 위원의 맥더피 타이딩스 법안을 성립시킨 것이다.

위의 결과로 이 섬은 1935년 8월 13일 드디어 이 섬 공화국 정부가
성립하게 되었는데 우리 나라로서는 북쪽의 만주국의 독립을 승인하

고, 지금 또 남쪽으로 필리핀 공화국을 맞이하게 된 것이다. 따라서 앞으로 일본·필리핀 관계에 대해서는 미국 정부의 독립 승인과 함께 매우 엄중한 태도로 임해야 하는 것은 물론이나, 오늘날까지 미국 내에서 이 섬의 독립 반대론자의 다수는 만약 이 섬이 독립하면 일본이 침략하겠지라는 의견이다. 이것은 완전히 기우로 일본과 이 섬의 관계는 소위 선린한 나라로 무역 관계를 보아도 이민 관계를 보아도 절대 영토적 야심 등은 가지고 있지 않을뿐더러 동양 평화를 위해 공존공영의 성과를 올리고 싶은 것을 식자는 이미 인정하는 바이다.

하물며, 우리 나라의 필수품인 철, 석유, 고무, 목화는 이 섬에서는 그다지 산출되지 않고, 유일하게 마, 담배, 목재로 매년 2~3천만 엔의 무역을 하는 것에 지나지 않는다. 미국이 태평양 제도를 근거로, 또 이 섬을 점령한 당시에도 일본은 어떠한 항거도 하지 않았다. 장래에 건전한 필리핀 공화국의 성립을 축복하며 열국과 협조하여 동양의 평화를 확립하기 위해 공존공영을 염두하는 것 외의 의도는 없다.

전해지는 대로라면 1934년 6월, 타이딩스 씨를 수반으로 하는 이 섬 조사단은 현지 시찰 결과, 혹은 신정부의 시정 기간을 5~6년으로 단축해야 할 전망이 있다는 것이다. 따라서 오늘날까지의 법규는 점차 개정되어야 함이 명백하며, 이번 독립 법안의 통과는 미국의 대내 정책에서 산출된 이상, 앞으로 이 섬사람들의 정신적, 물질적 변동에 대해 인내와 용기를 가지고 완전한 독립의 성과를 올릴 것을 희망하여 마지않는다.

무릇 필리핀 사람들은 남양 원주민 중에 가장 우수한 민족으로 우라 남양과 비교하여서는 물론, 다른 오모테 남양 일대의 원주민에

비해도 훨씬 훌륭하다. 게다가 전술한 것과 같이 미국의 교육이 철저했기 때문에 문화의 정도도 자연히 발전하여 인격, 지식과 함께 다른 남양 원주민과는 동일하게 논할 수 없다. 다른 지방의 원주민에게서는 보이지 않는 활발한 정치 운동 등이 일어나는 것도 그 때문인데 자세히 관찰하면 같은 필리핀이어도 지방에 따라 명확히 문명과 야만의 정도가 다르다. 즉 북부의 루손(呂宋) 및 중부의 여러 섬은 매우 개발되어 있으나 남부의 민다나오섬 중에는 아직 문명의 손길과 닿지 못한 곳이 있으며, 라나오(Lanao)주 및 코타바토(Cotabato) 북부 산지에는 아직껏 야만 미개한 파코포(パコポ) 야인이 거주하고 있어 때때로 소동을 반복하고 있다.

2. 면적, 인구, 지세

필리핀 군도는 크고 작은 7천여 개의 여러 섬으로 되어 있고, 그중 가장 큰 것은 루손, 민다나오, 사마르(Samar), 팔라완, 파나이, 민도르, 레이테(Leyte), 네그로스(Negros) 및 세부섬 등이다. 총 면적이 29만 6천 평방km로, 일본의 5분의 2, 미국의 26분의 1이고, 인구는 1천 246만 명으로 약 90%가 이른바 필리핀인, 그 외에는 네그리트족이라 불리는 혼혈종이다. 재류 외국인은 약 9만 명으로 계산되는데 중지나(中支那)[51]인이 가장 많고, 일본인, 미국인, 스페인인, 영국인 순이다. 이 섬에 재주 하는 일본인은 약 2만 명으로 상업, 농업, 어업에서 모두 건실한 발전을 이루고 있다.

전 군도가 화산계에 속하며 이 섬의 제일 높은 봉우리 민다나오의 아포산(Mount Apo)을 비롯하여 그 외 12개의 분화산이 있고, 크고 작은 섬 대부분은 화성암으로 이루어진 산악이 많고, 하천은 비교적 적으며 여기저기에 비옥한 평야가 이어져 있다. 북 루손의 기름진 평야, 중부 루손 네그로스섬의 기름진 평야, 민다나오섬의 코타파토의 기름진 평야가 그 대표적인 것이다. 그러나 섬 주민들은 이러한 기름진 평야를 개발하려고 하지도 않았고, 아주 오랜 세월 손대지 않은 깊은 숲은 지금도 전 면적의 약 70%를 덮고 있는 것이다.

3. 산업 정책과 세금

이 섬에서는 다른 남양제도와 다르게 중국인 노동자의 입국을 금지하고 있다. 그 때문에 일본인은 자유롭게 입국하여 산업상 활약하며 오늘날의 성과를 거두어들인 것인데, 1919년 현행 공유지법(公有地法)이 제정된 이래 상당히 갑갑한 제한을 받게 되었다. 먼저 사유지부터 말하자면 구 공유지법에 의해 불하(拂下)를 받은 토지는 현행 공유지법 하에서 불하를 받을 권리가 없는 것에 담보, 양도를 허가하지 않는다는 제한이 있지만 불하지 이외 사유지에 대해서는 내외인 모두가 소유, 양수(讓受), 담보에 있어 평등하고 자유로워서 어떠한

---

51 중국의 장강(長江)과 황하(黃河) 사이에 낀 지역. 제2차 세계대전 무렵까지 일본 국내에서는 이 지역을 중지(中支), 중지나(中支那) 등의 명칭으로 불렀다.

차별적 대우를 두고 있지 않다. 그런데 공유지가 되면 내외인에 따라 확연히 대우가 다르다. 즉 현행 공유지법에 의하면 농업지 불하는

1) 이 섬사람 및 미국인에게는 100헥타르 이하
2) 이 섬 또는 미국 법인으로 그 주식의 61% 이상이 이 섬 또는 미국
   인의 소유에 있고, 또 이 섬에서 영업을 허가받은 자는 한 회사당
   1천24헥타르 이하
3) 이 섬사람에게 관유지 불하의 권리를 인정하고 있는 나라의 인민
   은 이 섬 의회의 협찬을 거쳐 1인에 대해 100헥타르 이하

로 규정되어 있다. 다음으로 농업지 조차(租借)는 위의 (1)과 (2)는 1천 24헥타르 이하, (3)과 앞에 기술한 이외 법인 및 조합은 의회의 협찬을 거쳐 1천24헥타르 이하로 되어 있다. 그리고 주택, 공업용지 불하 및 조차는 개인, 법인, 조합 모두 10헥타르 이하로 되어 있다.

이 토지법 개정 이래, 일본인이 이 섬에서 농업지 발전을 이루는 데는 지금처럼 일본인 만으로 이 섬의 법인을 만들고 관유지의 불하와 조차를 할 수 없게 되어 사유지를 매입하거나 일본인 소유에 속하는 개간지에서 사업을 착수하는 것 이외에는 방법이 없다.

광업권은 내외인 모두 평등하지만 이 섬에서 광물은 모두 토지 소유자의 소유로 돌아가는 것으로 되어 있고, 공유지에 대해서는 따로 규정을 만들어 외국인에 제한을 더하고 있다. 임업과 어업에 대해서는 외국인에게 어떠한 제한도 두고 있지 않지만 연안 항로만은 외국 선박을 허가하지 않는다.

세금 제도를 보면, 미국과 이 섬 그리고 이 섬과 괌섬 사이에는

상호 세금이 없으나(독립 후에는 이것이 문제이다) 다른 외국품에는 수입
세를 부과하고 있다. 그러나 그것도 담배나 설탕과 같이 이 섬의 주요
산물을 제외하고는 일반적으로 저율이어서 평균 단가 세율은 25%로
보호 관세라기보다 오히려 수입 관세에 속한다고 해야 할 것이다.
수출세는 없으나 그 대신에 잔교세(棧橋稅)라는 이 섬만의 독특한 세
금이 있다. 이것은 석탄, 목재 및 시멘트를 제외하고 다른 모든 상품
에 대해 수출 시 동일하게 총 중량 1킬로마다 미화 1불을 과세한다.
　화폐는 미국 영유 이전에는 멕시코의 페소화를 표준 화폐로 하고
있었는데, 1903년부터 금환본위제가 되어 페소(peso)를 단위로 하고
있다. 1페소는 일본 화폐 약 1엔이지만 환율 하락으로 현재는 약 2엔
정도이다.

4. 기후와 위생

　섬 내의 기후는 일률적으로 말할 수 없으나 대체로 다음 3기로 나
눌 수 있다. 즉 우기(雨期), 건조 냉량기(乾燥冷涼期), 건조 염열기(乾燥
炎熱期)이다. 우기는 6월부터 10월까지, 건조 냉량기는 10월부터 2월
까지, 건조 염열기는 3월부터 5월까지인데 우기에는 상당히 비의 양
이 많고, 대 폭풍우가 습격해 오는 것도 이 계절에 많다.
　기온은 평균 화씨 79.38도로 때로는 60도로 내려갈 때도 있고, 최
고 온도여도 90도를 넘는 일은 좀처럼 없을 뿐만 아니라 고온일 때도
4시에 냉풍이 불어오기 때문에 몹시 심한 더위를 참기 힘들 것 같은

걱정은 없다.

위생은 미국의 영유 이래 항상 유의하여 만전의 대책을 강구하고 있기 때문에 매우 개선되고 있다. 지금은 이질, 장티푸스 등의 경중 전염병이 간간히 유행할 때가 있지만 스페인 영유 당시와 같이 천연두, 콜레라, 페스트 등과 같은 악성 유행병은 최근에 거의 모습을 감추었다. 이 점에 대해 일본인 이주자는 조금도 걱정을 할 필요가 없다.

5. 교통, 무역

스페인 영유 시대부터 도로 개발에는 노력을 했는데 미국령으로 바뀌고 나서는 정부 사업으로 예의 그 개선을 도모하여 도심은 물론 지방의 교통도 매우 편리해져 1927년에는 도로의 길이가 1만 383km에 달하였고, 그중 일등 도로만 하더라도 족히 6천km에 달한다.

철도는 마닐라를 중심으로 하는 마닐라 철도와 일로일로(Iloilo) 및 세부를 중심으로 하는 철도가 있고, 전체 약 1천270km에 달한다. 이 섬은 극동에서 자동차 수가 가장 많은 지방이 보이는 만큼 자동차 교통의 발달은 놀라울 정도인데 그것은 관세 관계상 미국의 자동차를 비교적 싸게 사는 게 가능하며 또 경유의 공급도 윤택하기 때문이다. 특히 승합자동차가 널리 이용되어 어떤 변두리의 시골에서라도 근처의 도시로 나가는 것이 매우 쉽고 화물 집산에도 아주 편리하다.

해상 항운으로 이 섬에 기항하는 외국 항로선은 주로 태평양 횡단 항로, 유럽 항로, 호주 항로, 하와이 태평양 항로, 뉴욕 항로, 세계 일주 항로 및 중국 항로 등이다. 항로 선박 중 영국선은 40%를 차지하여 1위, 미국선은 20%, 일본선은 16%의 순이다. 무엇보다 크고 작은 7천여 개의 섬으로 되어 있는 만큼 연안 항로도 꽤 발달해 있지만 정부는 특히 연안 항로법을 제정하여 외국 선박의 연안 무역을 허가하지 않고 자국선만 독점하고 있다.

이 섬의 외국 화물은 근래에 대체로 수출이 초과되는 경향이 있는데, 최근 무역액은 수입 2억 3천170만 페소, 수출 3억 1천114만 페소로 수출이 약 8천만 페소 초과되었다. 주요 무역국은 말할 것도 없이 미국으로 총액의 약 70%를 차지하고, 다음으로는 일본인데 미국에 비하면 상당한 차이가 있다. 이 나라의 수입 상품 중 주요한 것은 면직물, 비단 제품, 석탄, 도자기, 유리 제품 등이고 이 섬의 수출 상품은 마, 설탕, 목재, 과실, 담배, 설철 등이 주요 물품이다.

6. 주요 도시

마닐라　이 섬의 문화, 정치 및 상업의 중심지로 인구 3천만 명이라고 한다. 지리적으로는 세계의 각 항구로 통하는 중심점이며, 유럽 각국에서 극동으로 항해하는 선박 중에 이 항구에 모이

마닐라 시내

지 않는 것이 없어 마닐라 항구는 이제는 태평양 교통의 요충지이다.

바기오 마닐라에서 167마일 떨어진 북 로손에 있으며, 이 섬 제일의 고산 도시로 요양지, 피서지로 알려져 있다. 평상시에는 인구가 6천 명 정도이지만 매년 하계가 되면 1만 6천 명에 달한다. 마닐라에서 이 지역에 이르는 벵게트(Benguet) 도로는 실로 일본인 노동자 1천

500명이 개간한 것으로 민다나오섬·다바오섬의 일본인 발전의 선구자가 이룬 일부이다. 연안 도로가 닿는 곳마다 경치가 뛰어나 절경과 함께 달리는 벵게트 도로는 일본인 이민에서 잊을 수 없는 귀중한 기념물이다. 부근에는 일본인 야채 재배지가 많아 마닐라 시장에 항상 신선한 야채를 공급하고 있다.

벵게트 도로

세부 세부섬의 동쪽 해안에 위치한 마닐라에서 68마일 떨어진 곳에 위치하고 있으며 필리핀 제도 제2의 좋은 항구이다. 현재 인구 8만 명으로, 오지의 좋은 조건으로 장차 발전의 기운이 넘친다.

일로일로 일로일로섬의 수도이다. 인구 6만 명으로 설탕 및 목재의 수출이 많고 네그로스섬 산출 설탕은 모조리 이 섬에서 수출되어

일로일로 당이라는 이름으로 알려져 있다.

삼보앙가 민다나오섬 제1의 도시로 인구는 3만 3천 명, 민다나오 및 술루(Sulu) 제도 방면의 물산의 집합지이며 또한 이 부근은 목재와 임산물이 풍부하다.

다바오 민다나오섬 남부에 위치하고 필리핀 최고의 아포산 산기슭이 수려하며 다바오만에 임해 이 지방의 특산물인 마, 코프라의 집산지이자 다바오주의 수도이다. 인구가 1만 5천 명이고 이 부근에 거주하는 일본인은 1만 2천 명에 달하며 영국령 북부 보르네오의 타와우(Tawau)와 함께 남양의 2번째 일본인 마을을 형성하고 있다.

다바오 항

7. 주요 산업

이 섬의 산업 발달 과정은 현재는 아직 원료국의 위치를 벗어나지 못하고 있다. 따라서 농업이 주요 산업의 지위를 차지하고 그 뒤를 잇는 것이 섬유 공업, 임업, 광업, 목축, 수산업 등이다.

농업 섬 내 경지 면적은 371만 2천700헥타르로 전 면적의 12.5%로 상당한데 미개척지는 여전히 9백만 헥타르가 있어 섬 주민의 기업심(企業心)이 부족한 탓에 대부분 거국적으로 외래인의 활동을 기다리는 상태이다. 농산물은 종류가 잡다한데 주요한 것은 쌀, 사탕수수, 마, 담배, 옥수수 등을 손에 꼽는다. 쌀은 일본인과 마찬가지로 섬 주민의 주요 식료품으로 정부에서도 극렬히 발달을 장려하고 자급자족의 경지에 이르도록 노력하고 있다. 1931년 벼농사 농지 면적은 180만 헥타르로 벼의 수확이 205만 4천 톤, 가격이 2억 4백만 페소에 달한다.

사탕수수를 재배하고 있는 곳은 네그로스, 루손, 파나이, 민도르섬 등으로 1931년 경작 면적은 25만 2천 헥타르, 산출량 55만 톤, 가격 8천100만 페소로 대부분은 분밀당으로 이는 미국으로 향하고 설탕은 일본 및 중국으로 보내진다.

마는 이른바 마닐라 마로 1931년 경작 면적은 48만 2천 헥타르, 산출량 18만 2천 톤, 가격 6천 116만 페소에 달하고 있으며, 주요지는 레이테, 다바오, 알베이(Albay), 소르소곤(Sorsogon), 사마르의 여러 섬이다. 용도는 주로 제강(製綱)용으로 사나다 마(眞田麻), 제지 원료로도 사용된다.

담배는 마닐라 담배라는 이름으로 세계에서 유명하다. 대부분은

바다오의 마닐라 마 제법

엽궐련으로 해외로 수출되고 최근 나날이 재배 면적이 증가하는 경향이 있다.

옥수수는 지방에 따라 원주민의 주식으로 또는 주정의 원료로 사용된다. 연 산출액은 4천만 페소에 달한다.

임업 농업에 이은 주요 산업의 하나로 최근 제재업이 성대해 짐에 따라 벌채고(伐採高)도 증가하는 경향이다. 삼림지 면적은 1천590만 헥타르로 전 면적의 54%로 상당하고 그중 99%까지가 관 소유의 숲이다. 최근 이 섬의 재목에 대한 세계적 수요가 갑자기 높아져 수출품 중에서도 목재는 상당히 중요한 위치를 점하기에 이르렀다. 1931년 벌채고는 98만 3천440여 입방미터(㎥)로 이 섬 임업의 최고 기록을 세우고 있다.

축산업 섬 내 이르는 곳마다 목초가 무성하여 자연적 조건이 풍족하고 육류의 수요 및 가축의 사용도 해가 갈수록 왕성해짐에도 불구하고 그에 비해 축산업이 발달하지 못한 것은 우역(Rinderpest, 牛疫)이나 탄저병 등의 유행이 이를 저지하였기 때문이나, 최근 정부 당국은 이를 근절하도록 노력한 결과, 축산가도 또한 차츰 궁리를 더해 이 사업은 부흥하고 있다.

수산업 이 섬의 수산업은 자연적 환경으로 보아 진작 발달되어야 할 조건을 충분히 구비하고 있음에도 불구하고 십 년을 하루 같이 유치하기 그지없는 상태에 머물러 있고 오히려 매년 400만 페소의 어패류를 외국 수입에 의존하고 있다. 만약 근대의 과학적 어획 작업법을 채용하여 발달을 도모한다면 자급자족은 물론이고 수산국 필리핀 조성도 결코 어려운 일은 아니다. 이에 착안한 듯 최근 마닐라 부근에서 어업에 종사하는 일본인은 상당한 수에 이르고 있다. 마닐라에 있는 수족관은 세계에 자랑할 만한 오랜 역사를 가지고 있고 어족도 꽤 많다. 마닐라 부근에는 트롤선이 1932년도에 31척, 그중 28척까지 일본인이 경영하고 있다. 주된 어획류는 새우, 가물치로 1척 평균 1만 3천 페소에 달한다고 한다. 오키나와, 히로시마 두 현의 사람들이 어업에 많이 종사하고 있고 고기 잡는 망도 많이 사용하고 있다. 세부, 일로일로, 쿠리온(Culion), 바탕가스(Batangas) 지방에서도 일본인 종업자를 볼 수 있는데 특히 다바오만 내에는 300명의 일본인 어업자가 활발히 활동하고 있다.

제조공업 현재에는 겨우 제당, 제유, 담배, 양탄, 제망, 제모, 주정, 패구 제조 등을 꼽는데 지나지 않으나 그중에서도 제당업은 비교적 활발하게 이루어져 1931년 분밀당 생산고는 55만 톤의 거액에 달해, 수년 전에 비해 능히 증가하고 있다. 담배 공장은 현재 엽궐련 100곳, 지권 연초 공장 27곳에 달해 엽권 제조가 3억 5천767만 개비, 지권 연초가 49억 5천457만 개비에 이르고 엽권의 약 70%는 해외 시장으로 나가고 있다. 그 외에는 아직 대서특필할 만큼 발달하지 못했다.

8. 재주 일본인의 현재 상태

이 섬의 일본인은 1932년 현재 1만 9천528명으로, 그중 7천36명이
루손에 있고, 나머지 1만 2천492명은 민다나오섬 다바오주에 있다.
즉, 총 수의 약 70%가 다바오에 모여 있는 상태이다. 필리핀에서는
앞에서도 말했듯이 중국인 노동자의 입국을 금지하는 한편 필리핀인
의 노동 능률이 낮은 것이 일본인 발전의 요인이 되었기 때문에 다바
오 지방의 일본인 농원은 말할 것도 없이 미국인과 스페인 사람이
경영하는 농원의 노동자도 대부분은 일본인이다.

이 지방의 일본인 농원의 현 상태는 농원 수가 43곳이며, 총 조차
면적은 6만 5천81에이커, 경작 면적이 4만 4천208에이커, 생산 면적
이 3만 4천300에이커로 그중에서도 오타(太田)흥업회사, 후루카와(古
川)척식회사가 가장 유력하다.

다바오의 마산(麻山)을 목표로 하는 일본인 도항자는 처음에 일단
월급 노동자로 발족하고 이어서 마산 개간자가 되어 최후에 마산의
주인이 되는 것이 보통 도달하는 단계이다. 마산의 노동자는 그 농원
이 일본인 경영의 회사인지 외국인 경영 회사인지 그 유무를 막론하
고 소작과 청부라는 두 가지 방법이 있다. 소작의 경우는 토지를 나눠
받아 개간하고 심고, 수확하여 제품으로 만들기까지 전부 제 손으로
직접하여 상품의 10~15%를 소작료로 주인에게 지불한다. 농작 청부
의 경우에는 회사가 모내기 한 마의 수입과 생산을 청부하고, 산출한
마의 20~25%를 회사에 납부하는 방식이다.

이러한 마의 주산지인 다바오, 걍가(ギャンガ), 산타크루스(サンタク

ㅁ-ス) 서해안의 여러 섬에서는 대부분 일본인의 손으로 재배되어 다바오의 모든 주의 마 생산량 25만 피쿨(picul)[52]은 대부분 일본인 땀의 결정이며, 그 외에 코푸라의 전 산출량 6만 피쿨도 그 3분의 1은 일본인 경지에서 산출되어 다바오의 운명은 대부분 일본인이 손에 쥐고 있다고 하여도 과언이 아니다.

대체 마산을 만들기 위해서는 어느 정도의 경비가 필요한가 하니 가령 5정보에 5천 주의 마를 심는다고 하고 수확까지는 3년이라는 기간이 필요하다고 봐야한다. 자력으로 개간하면 약 1천300엔으로 충분하나, 타인에게 개간을 청부하면 3천 엔 내외가 필요할 것이다. 수확은 3년째부터 개시되어 4년째부터 13년째까지가 가장 많고 그 이후는 점차 감소한다. 1정보 수확을 15~30피쿨로 보고 1피쿨을 30페소라고 하면 450~900페소가 된다. 가령 최저 15피쿨로 하여도 1정보 450페소, 5정보 2천250페소가 되며, 게다가 규모를 확장하여 10정보가 되면 4천500페소, 20정보로는 9천 페소가 되는 셈인데, 마닐라 마는 고무와 마찬가지로 시장의 변동이 심해 재배 기업의 흥망도 오늘 내일을 짐작하기 어렵다. 실제로 1919년경, 마 시장이 폭등했던 때에는 다바오 지방의 일본인 마 재배업은 매우 우세하여 농원 수가 60곳에 달해 재류 일본인도 2만 명으로 늘 정도였는데 1923년 불황이 도래하여 농원의 해산이 20곳에 이르러 일본인 수도 3천800명으로 격감한 실례를 보아도 그 업의 성쇠가 얼마나 시장의 변동에 의해

....

52 중국과 동남아시아에서 주로 운송에 사용된 무게의 단위. 약 60kg.

영향을 받는지를 알 것이다. 특히 최근 수년 마의 내림세가 심하여 1피쿨에 4페소까지 떨어졌고 또 알베이, 사마르 지방에 해충이 발생해 수확이 감소하여 다바오 지방에서도 전전긍긍하는 모양이다. 게다가 보르네오의 타와우에서도 마닐라 마와 같은 좋은 물건이 마찬가지로 일본인에 의해 산출되어 자연히 경쟁 구도가 된 것인데 원래 그 모종은 다바오 방면에서 수출된 것이기 때문에 요즘 모종 수출은 엄중하게 단속되고 있다.

이런 다바오의 마 재배 기업은 최근 계속해서 악재로 타격받고 있으나 재주 일본인은 이에 굴하지 않고 귀중한 피와 땀으로 선배가 개척한 이 지방의 마산을 지켜내고 후속 이민을 위하여 건실한 걸음을 계속하고 있는데 최근 마의 가격도 바닥을 치고는 점차 회복조로 전환되어 기쁘다.

마닐라 마는 아바카(Abaca)라고 하는데 처음 세상에 소개한 것은 1680년경 민다나오에 살고 있던 영국인 댐피어[53] 씨이다. 이것이 세계적으로 저명해진 것은 약 100년 전으로 최근 마닐라 마의 이름값은 해가 갈수록 높아져 자와, 인도, 아프리카, 서인도 그 외 열대 지방에서 다투어 재배된 것이다. 그러나 토양, 기온, 우량, 농수 및 풍속 등 여러 조건이 맞지 않는 탓에 어떠한 지방에서도 실패로 돌아갔으나 세계에서 유일하게 필리핀만이 순조롭게 발달을 이어가서 멕시코, 아프리카, 자와, 수마트라, 보르네오가 이를 잇고 있다. 마닐라

....

53 윌리엄 댐피어(William Dampier, 1651~1715)는 영국의 해적, 선장, 작가로 세계를 3회 항해한 최초의 인물이다.

마의 명칭은, 이 마가 마닐라 항에서 수출된 것에서 유래하는데 현재 마닐라 마의 취급처는 미국이 1위, 영국이 2위, 일본은 3위를 차지하고 있다.

마닐라 마의 용도는 지금까지 제망, 끈 제조(製紐), 부인 모자용의 사나다(眞田)[54] 등에 한정되어 있었는데, 최근 일본에서는 삼지닥나무(三椏) 대용으로 화지 제조에 사용되어 각종 일용품에도 널리 이용되어 수요액이 매년 증가하는 추세이다. 생산은 이 섬 중에서도 다바오주에서만 장족의 진보를 보이고 있는데, 특히 전술한 것과 같이 알베이, 레이테, 소르소곤 지방에서는 해충의 습격을 받아 매년 산출액이 감소하고 있기 때문에 장래 마닐라 마는 다바오주가 독점하는 날이 올지도 모른다. 실제로 1932년도에 다바오주의 산출액은 전 군도의 3분의 1을 차지하여 약 50만 섬에 달했는데 이는 다바오주가 마 생산에 최적의 기후와 풍토로 풍족할 뿐만 아니라 실로 근면하며 게으름을 모르는 일본인이 생산을 하고 있기 때문이다.

일본인으로서 처음으로 이 지방의 마 생산에 착안한 것은 오타(太田)흥업주식회사의 창립자인 고 오타 쿄사부로(太田恭三郎) 씨였다. 그는 1903년경 앞에서 서술한 벵게트 도로 개간을 위해 이주한 일본인 이민 잔류자 180명을 끌고 다바오주로 향해, 지형을 보고는 마 재배 계획을 세운 것이다. 요 근래 그는 관헌과의 교섭, 원주민과의 절충, 밀림의 벌채, 종묘의 개량에서 노동자 식량 수입에 이르기까지

....
54 사나다 히모(眞田紐)의 준말. 넓적하고 두껍게 엮은 무영 끈. 또, 그렇게 엮는 방식이다.

몸소 이에 임하며 미개지 개척의 고초를 맛보며 부지런히 경영하고, 헌신적으로 노력한 결과 드디어 오늘날에 이른 것이다. 우리들은 이 섬에서의 일본인 발전을 말할 때 항상 오타 씨가 남긴 위대한 공적을 잊을 수가 없다.

이 섬의 우리 이민은 때로는 성쇠가 있음을 면치 못한다 하더라도 항상 1만여 명의 일본인과 40여 곳의 일본인 회사가 있으며 민탈(mintal)과 같은 식민지에는 병원, 학교, 시험소, 매점 등 정연하게 매우 이상적인 시설이 생겼다.

당초 우리 이민의 마 생산고는 1개당 수천 섬에 지나지 않았으나 지금은 50만 섬에 달해 세계에 그 성과를 자랑하기에 이르렀다. 또한 다바오의 난(蘭)은 세계에서 으뜸가는 좋은 평가를 얻고 있으며 와링와링란(Waling-waling)과 호접란(胡蝶蘭)이 널리 알려져 있다.

마닐라 시내에는 약 2천500명의 일본인이 잔류하고 어업자는 톤도(Tondo)구에, 목수는 퀴아포(Quiapo)구에 집중해 있다. 목수의 이주는 미국의 필리핀 영유 당시 병영과 많은 관청의 건설로 인해 한때 일본인 목수의 전성시대가 나타난 것이다. 그 후 많은 건축이 일단락되며 그들은 가구직을 명목으로 자리를 잡았고, 마닐라의 경기를 전해 듣고 도항하는 목수는 그 후로 끊이지 않았는데 오늘날은 약간 과잉으로 괴로워하는 경향이 보인다. 어업은 일본인이 독점하고 있다고 해도 과언이 아니다. 마닐라를 중심으로 하는 일본인의 어업 이민자는 연해 어업에 약 450명(주로 오키나와현 사람), 마닐라만에 약 300명(히로시마현 사람)으로 활발히 활동하고 있는데 연안 무역법에 방해를 받아 자유롭게 수완을 펼치지 못하고 있으며 필리핀 어업은 이미 포화 상태에 달한 것처럼 보인다. 앞으로 이 방면에 뜻을 두는 일본인은 충분한 연구가 필요할 것이다. 상업만은 장래가 가장 유망하다. 특히 잡화상은 시가지에서는 물론 지방에도 아직 진출의 여지가 남아있다.

옮긴이의 말

『남양대관(南洋大觀)』은 저널리스트 출신의 정치가 야마다 기이치(山田毅一)가 1934년 세상에 내놓은 저서이다. 본서는 그 제목에서 알수 있듯이, 일본 제국의 대외 팽창주의의 전개 속에서 과거 '남양(南洋)'이라고 명명되었던 지역을 대관하고 있다.

'남양'은 제2차 세계대전 이후로는 쓰이지 않고 있는 용어이기 때문에, 현재 일반 독자들이 그 지정학적 범위를 떠올리기는 쉽지 않다. '남양'은 일본의 메이지(明治) 시대 때 부상하기 시작한 '남진론(南進論)'을 바탕으로 하고 있는데, 그 범위에 대해서는 시대와 논자에 따라 상이하다. 일반적으로 '남양'은 1919년 베르사유 조약으로 일본이 위임통치하게 된 독일령 태평양 서부의 미크로네시아 지역(현재 북마리아나 제도, 팔라우, 마셜 제도, 미크로네시아 연방)을 가리키며, 이때부터 막연히 태평양 남쪽의 섬을 지칭하는 '남양제도(南洋諸島)'와 일본의 위임통치 지역을 가리키는 '남양군도(南洋群島)'가 구별되어 쓰이게 되었다. 한편 본서에서의 '남양'의 범위는 '남양군도'였던 위임통치군도(구 독일령 마리아나, 캐롤라인, 마셜), 필리핀 군도, 네덜란드령 동인도, 인도네시아 자와섬, 수마트라섬, 보루네오섬, 술라웨시섬, 뉴기니아섬, 영국령 남양, 영국령 말레이, 시암, 프랑스령 인도차이나를 포함하여 남지(南支) 일대(현재 중국 남부 지역의 윈난성, 하이난섬, 홍콩, 광동성), 대만까지도 포괄하고 있음을 밝혀둔다.

이렇게 저자 야마다 기이치의 '남양'에 대한 자의적인 지정학적 구획 아래 탄생한 『남양대관』은 '서문(序)', '저자 소언(小言)', '총설(總說)', '결론', '부록'으로 구성되어 있는데, 그 내용과 특징을 간략히 정리해 소개하면 다음과 같다.

첫째, 본서는 각 섬과 지역을 13곳으로 세분화하여 각 곳의 지리, 면적, 인구, 기후, 주민, 풍속, 언어, 주요 도시, 산업, 교통, 무역, 국방 등에 대해 자세히 서술하고 있다. 이처럼 '남양'이라는 광범위한 지역을 대상으로 하면서도 특정 분야에 한정하지 않고 총체적인 서술을 하고 있다는 것이 본서의 가장 큰 특색이라고 할 수 있다. 이에 대해서는 저자 스스로도 『남양행각지(南洋行脚誌)』(1910), 『남진책과 오가사와라 군도(南進策と小笠原諸島)』(1916)에 이어 발간한 『남양대관』이야말로 "남양발전에 관해 가장 종합 대관의 일서를 이룬 것"이라 자신하고 있었다. 또한 '서문'을 집필한 헌정회· 입헌 민정당 소속 정치인 나가이 류타로(永井柳太郎), 1932년부터 1936년까지 대만 총독을 지낸 나카가와 겐조(中川健藏), 1933년부터 1939년까지 남양청(南洋廳) 장관이었던 하야시 도시오(林壽夫) 역시 본서의 강점으로 '남양'을 종합, 대관하여 하나의 관념으로 파악할 수 있는 점을 공통적으로 강조하였다. 이처럼 『남양대관』이 당시 '남양'에 대한 총합서로 평가받을 수 있었던 데에는 저자의 '남양' 체험이 컸다. 야마다 기이치는 1908년부터 1933년까지 총 5회에 걸쳐 '남양' 각지를 시찰, 순유한 만큼 '남양'에 대한 그의 폭넓은 견문과 지식은 가히 놀라울 따름이다. 이러한 저자의 실체험은 당시 기존의 '남양'에 대한 관념적, 지엽적인 서술에서 탈피하여 일종의 문화지(文化誌)로서의 속성을 갖춘 『남양대관』이 발간되게 되는 배경이 되었다.

둘째, 본서는 당시 일본의 남양 진출을 국방상, 경제상의 관점에 중점을 두고, 궁극적으로 동아시아 번영과 평화의 상생을 기반으로 한 남방 공동체 형성을 목표로 하고 있다. 물론 제1차 세계대전 이후 남양제도에 대한 위임통치를 시작으로 '남진론'이 무력(武力)으로 전개되었던 것은 사실이다. 또한 본서에서도 '도진(土人)', '지나(支那)' 등과 같이 이민족(異民族)에 대한 차별어가 등장하고 있는 점에서 당시 일본의 동남아시아에 대한 야심적인 시각을 완전히 배제할 수는 없다. 더욱이 결론 부분에서는 일본 해군력의 보강을 들어 '남양군도'에 대한 서구 열강들의 세력을 경계하고자 하는 취지를 밝히고 있다. 그러나 동시에 야마다 기이치는 "우리가 남양에 바라는 바는 철저히 평화적, 경제적 발전으로 조금도 영토적 야심 따위는 갖고 있지 않다"라는 본인의 남양관을 본서의 곳곳에서 강조하고 있다. 그리고 그러한 점은 '남양' 지역에 대한 일본인의 무지와 선입관 극복, 원주민에 대한 차별적 대우 지양, 각지 토산물의 우수성 등에 대해 논하고 있는 부분에서 드러나고 있다. 이처럼 저자의 남양관과 제국의 남진론이 혼재하고 있는 『남양대관』을 하나의 성격으로 규정짓기는 어려운 것이 사실이다. 그러나 저자의 남양관이 일본인 이주와 개척, 식민을 통해 일본 세력을 확장해야 한다는 남진의 전략보다는, '남양'에 대한 찬미와 인문 개발에 방점을 두고 있었다는 점은 분명하다. 따라서 본서는 일본의 대(對) 남양 정책의 역사와 의도성의 파악이라는 측면

보다는, 과거 '남양'이라고 불리었던 지역에 대한 이해라는 측면에서 읽히는 것이 적합할 것이다.

셋째, 본서는 '남양'에 대한 관습적인 기술에 그치지 않고 사진과 같이 풍부한 시각적 자료와 정확한 수치를 기반으로 한 표, 여행 정보 등의 자료를 갖추고 있다. 『남양대관』이 발간된 1930년대는 이미 '남양' 현지 조사, 시찰에 의한 『남국기(南國記)』(1910), 『남양제도 순행기 : 부록 남양 사정(南洋諸島巡行記 : 附·南洋事情)』(1913), 『남양붕항기(南洋鵬航記)』(1920), 『부원의 남양 : 답사 23년(富源の南洋 : 踏査廿三年)』(1930)과 같이 동일한 성격의 서적들이 발간되고 있었다. 이러한 가운데 『남양대관』은 그 어떤 서적들보다 다량의 시각적 자료들을 포함하고 있다는 점에서 그 차별성을 찾을 수 있다. 특히 이국적인 '남양'의 풍경과 문화를 보여주는 사진들은 당시 독자들에게는 생경한 타지의 문화에 대한 이해를 도왔을 것이라 사료된다. 또한 외무성, 남양청 등의 기관에서 수집한 데이터에 의한 각 섬의 인구수, 재류 일본인의 수, 각종 산물의 재배량, 어획량, 각종 교통수단의 운임 등의 통계표, 그리고 '남양'을 여행할 때 주의해야 할 점을 명시한 '남양 여행자의 마음가짐'과 같은 부록은 본서의 객관성과 실용성을 담보해 주고 있다.

앞서 언급하였듯이, 일본 제국주의 시대 동남아시아에 대한 지정학적 상상력에서 기원한 '남양'은 현재 해체된 개념이다. 그러나 근래 한국, 중국, 일본의 동남아시아에 대한 새로운 인식과 정책의 부상과 함께 다시금 이들 지역에 대한 중요성과 이해의 필요성이 부상하고 있다. '남양'은 일본을 비롯하여 서구 여러 나라의 쟁탈이 이루어진 복잡한 역사를 가지고 있는 지역이다. 그러나 야마다 기이치의『남양대관』은 어두운 역사를 덜어내고, '남양'의 각 섬과 지역의 독립성과 그 특색을 도출하려는 저자의 노력이 부단히 반영된 서적이다. 따라서 역자도 과거 '남양'으로 묶여 사유되었던 각 섬과 지역을 현재와 비교해 보며 공부하고, 또 사진을 참고하며 탐방하는 기분으로 번역에 임하였다. 타국으로의 자유로운 왕래의 제약이 생긴 목하, 본 번역서가 독자들로 하여금 잠시나마 타임머신을 타고 여행하는 기분으로 읽힐 때 역자로서 더 없는 번역의 보람을 느낄 수 있을 것이다.

　평소 '남양'에 대한 관심을 가지고 있었으나, 이를 표출한 방법이 없었던 역자들에게 '일본 동남아시아 학술총서'라는 번역 테마로 귀중한 역서를 낼 수 있도록 기회를 마련해주고 도움을 주신 모든 분들께 소소한 감사의 인사를 전하고 싶다. 특히 본 역서의 편집을 도맡아 주신 보고사 이소희 선생님께도 감사한 마음을 전한다.

2021년 4월

역자 이가현, 김보현

저자 **야마다 기이치**山田毅一, 1887~1953

1887년 1월 21일 도야마현 출생. 와세다대학, 도쿄 외국어학교에서 수학 후
『도쿄일일신문(東京日日新聞)』, 『야마토신문(やまと新聞)』, 『국민신문(國民新聞)』
에서 기자로 활동. 1928년 제16회 중의원 의원 총선거에 출마하여 당선. 제17회
중의원 의원 총선거 재선의 정치 경력 보유. 일찍이 1908년부터 '남양(南洋)'
각지를 순방하고 '남진사(南進社)', '남방산업조사회(南方産業調査會)'를 주재하
며 남방 정책에 대해 연구. 『남양행각지(南洋行脚誌)』(1910), 『남진책과 오가사
와라 군도(南進策と小笠原群島)』(1916), 『남양대관(南洋大觀)』(1934), 『대 남양의
전모(大南洋の全貌)』(1942) 등 남양 관련 저서 다수.

역자 **이가현**

고려대학교 일어일문학과 졸업. 일본 쓰쿠바대학 문학박사. 일본근현대문학
전공. 현재 고려대학교 시간강사.

주요 논문으로는 「三島文学における老いと女性―「十日の菊」論」(『일본연구』 제
33호, 2020년), 「三島文学における恋愛と「女性」―1950年代の雑誌メディアと
中間小説をめぐって」(『일본학보』 제119호, 2019년) 등이 있고, 역서로는 『외국인
노동자의 한국어 습득과 언어환경』(한국문화사, 2021년), 『동아시아 지식의 교
류』(역락, 2021년)가 있다.

일본 동남아시아 학술총서 2

남양대관 1

2021년 4월 30일 초판 1쇄 펴냄

저 자 야마다 기이치
역 자 이가현
발행자 김흥국
발행처 도서출판 보고사

책임편집 이소희
표지디자인 손정자

등록 1990년 12월 13일 제6-0429호
주소 경기도 파주시 회동길 337-15 보고사
전화 031-955-9797(대표), 02-922-5120~1(편집), 02-922-2246(영업)
팩스 02-922-6990
메일 kanapub3@naver.com / bogosabooks@naver.com
http://www.bogosabooks.co.kr

ISBN 979-11-6587-173-4 94300
      979-11-6587-169-7 (세트)
ⓒ 이가현, 2021

정가 13,000원